# À toi! 1A

## Carnet d'activités

*Mit Extra-Förderübungen und Zusatzübungen im eingelegten Heft*



Cornelsen

À toi! 1A
Carnet d'activités

Im Auftrag des Verlages erarbeitet von:
Catherine Jorißen, Michèle Héloury

und der Redaktion Französisch
Julia Goltz (Projektleitung), Iris Gleimann, Sophie Ortiz-Vobis, Monika Schulze, Sabrina Battaglini (Bildassistenz)

Umschlaggestaltung und Layoutkonzept: werkstatt für gebrauchsgrafik, Berlin
Layout und technische Umsetzung: Rotraud Biem, Berlin
Illustrationen: Laurent Lalo, Paul Lalo, Christian Badel, Berlin
Umschlagfoto: © Corbis (RF) / Tomas Rodriguez (Vordergrund); © Getty Images / Paul Trummer (Hintergrund)

**Symbole und Verweise**

2 Hörtext auf der CD (z. B. Track 2)

**Differenzierung:**
leichtere Übung
anspruchsvollere Übung

Sprachmittlungsübung

L 31|1 Hier passt S. 31, Übung 1 im Lehrbuch.

Partnerarbeit

Gruppenarbeit

DELF Diese Übung eignet sich besonders für die Vorbereitung auf die DELF-Prüfung

**www.cornelsen.de**

Die zum Lernmittel gehörige CD enthält ausschließlich optionale Unterrichtsmaterialien;
sie unterliegt nicht dem staatlichen Zulassungsverfahren.
Die Mediencodes enthalten ausschließlich optionale Unterrichtsmaterialien;
sie unterliegen nicht dem staatlichen Zulassungsverfahren.

1. Auflage, 3. Druck 2013

Alle Drucke dieser Auflage sind inhaltlich unverändert
und können nebeneinander verwendet werden.



Druck: Stürtz GmbH, Würzburg

Schülerheft:
ISBN 978-3-06-022432-6

Lehrerfassung:
ISBN 978-3-06-024367-9

Inhalt gedruckt auf säurefreiem Papier aus nachhaltiger Forstwirtschaft.

# Bonjour!

## Texte: Exercices

2 8|1

**1** Hör dir die Gespräche an und schreibe die Nummer des Gesprächs jeweils zum passenden Bild.

a

b

c

d

e

f

3 8|3

**2** Wie geht es den Jugendlichen? Hör dir die Gespräche an und kreuze das passende Kästchen an.

| | | ☺ | 😐 | ☹ |
|---|---|---|---|---|
| 1. | Anissa | | | |
| 2. | Thomas | | | |
| 3. | Mehdi | | | |

**3** Welches Wort passt in welchen Anzug? Schreibe die Wörter in ihre Anzüge hinein. Achte darauf, ob die Buchstaben nach oben oder unten herausragen. Gibt es Punkte auf den Buchstaben?

9|8

bof   au revoir   salut   bonjour   super   ça va

**4** Hör dir die Gespräche an und vervollständige die Lücken in den Sprechblasen. Verwende die Wörter aus der Übung 1. Zwei Wörter bleiben übrig.

4

9|8

9|9 **5** Eine Rallye durch dein Französischbuch: Du findest die Antworten, indem du im Buch nachschlägst. Kreuze zu jedem Punkt die richtige Antwort an und ergänze die Seitenzahlen. Es können auch mehrere Antworten richtig sein.

**1** Du schaust dir den Fotoroman auf S. 9 an und weißt nicht mehr, was *bonjour* bedeutet. Du schlägst

- ☐ in der Wortliste auf S. ______ nach.
- ☐ in der Französisch-deutschen Wortliste auf S. ______ nach.
- ☐ in der Deutsch-französischen Wortliste auf S. ______ nach.

**2** Du möchtest wissen, wo die Stadt Levallois liegt. Du suchst sie

- ☐ auf der Karte ganz am Anfang des Buches.
- ☐ auf der Karte ganz am Ende des Buches.

**3** Du möchtest mehr über Levallois erfahren. Du schlägst

- ☐ in der Wortliste auf S. ______ nach.
- ☐ im Kleinen landeskundlichen Lexikon auf S. ______ nach.
- ☐ in der Deutsch-französischen Wortliste auf S. ______ nach.

**4** Für einen Test willst du die Grammatik der *Unité* 1 wiederholen. Du schlägst

- ☐ im Inhaltsverzeichnis der *Unité* 1 auf S. ______ nach.
- ☐ in den *Repères*-Seiten der *Unité* 1 auf S. ______ nach.
- ☐ in der Wortliste der *Unité* 1 auf S. ______ nach.

**5** Finde heraus, wie die Laute [ʃ] und [ʒ] ausgesprochen werden. Wo hast du die Lösung gefunden?

[ʃ] ________________________________

[ʒ] ________________________________

Lösung gefunden auf S. ______

**6** Finde heraus, was das Wort *cour* bedeutet. Wo hast du die Lösung gefunden?

*la cour* bedeutet: ________________________________

Lösung gefunden auf S. ______

10|2 **6** Complète. | Ergänze deine persönliche Frankreichkarte. Du kannst die Namen der Flüsse eintragen oder die Orte einzeichnen, die du kennst. Hast du noch andere Ideen?

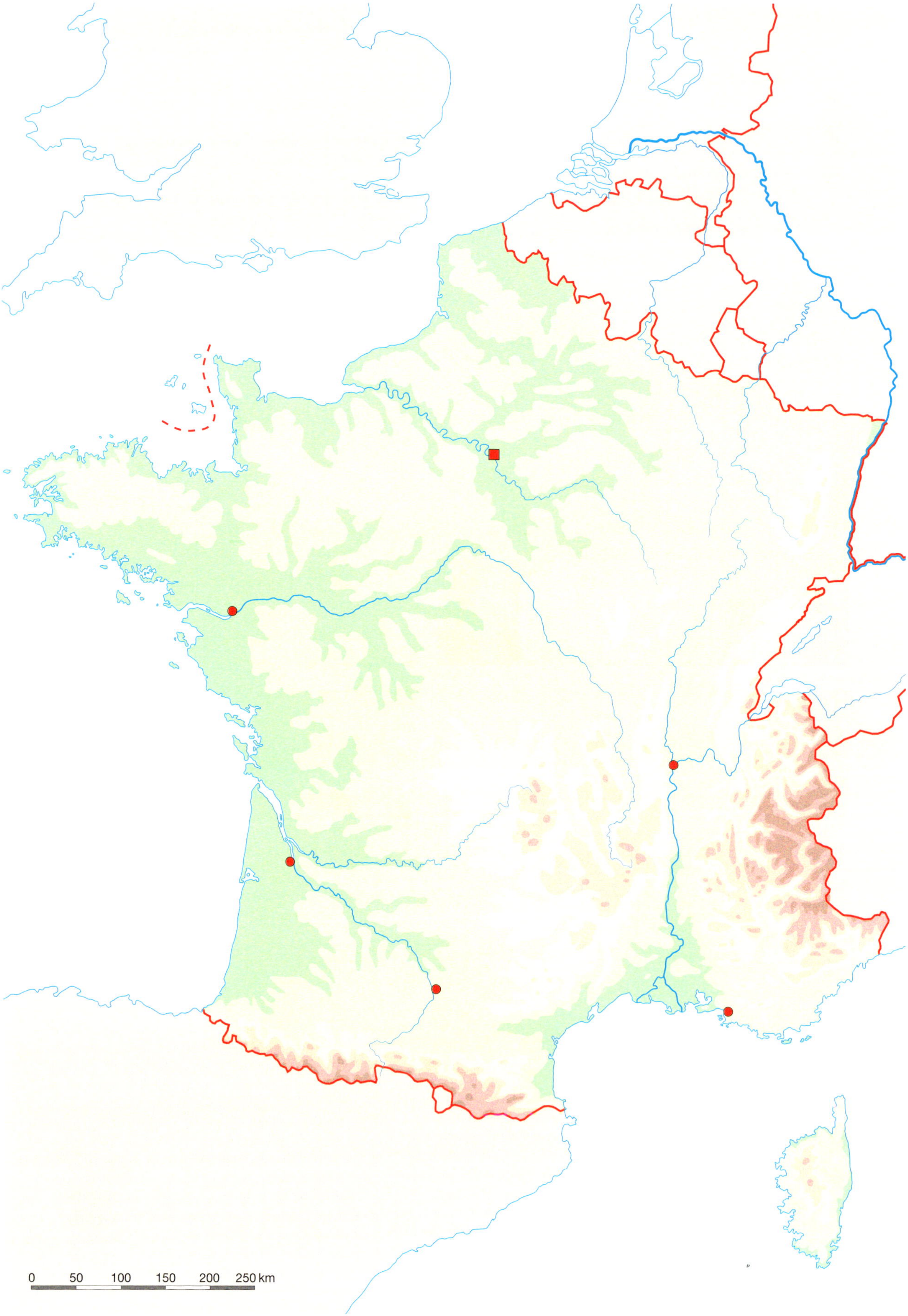

# Unité 2 C'est la rentrée

## Approches

**1** 12–13|1

Welches Wort passt in welchen Anzug? Schreibe die Wörter in ihre Anzüge hinein. Achte darauf, ob Buchstaben nach oben oder unten herausragen. Gibt es Punkte auf den Buchstaben oder Zeichen zwischen den Wörtern?

je m'appelle
c'est qui coucou
madame moi
monsieur

**2** 5

**a** Écoute et complète les dialogues. | Hör zu und vervollständige die Lücken in den Sprechblasen. Verwende die Wörter aus der Übung 1. Zwei Wörter bleiben übrig.

**b** Gehe auf Fehlerjagd: Vergleiche das, was du geschrieben hast, mit den Wörtern aus der Übung 1.

**3** 14|4a

**a** Maxime hat zwei Botschaften für dich geschrieben. Entschlüssele sie und schreibe sie auf.

1. ______________________ 2. ______________________

**b** Réponds. | Beantworte Maximes Fragen von a.

1. ______________________ 2. ______________________

**4** Qu'est-ce qu'ils disent? | Finde heraus, was sich diese Jugendlichen sagen. Bringe die Sätze in Ordnung und schreibe sie auf.

L 14|4

*1. Coucou! C'est qui?* ____________________

____________________

____________________

____________________

____________________

**5** Le mot mystère. | Finde die richtige Reihenfolge des Dialogs wieder. Wie lautet das Lösungswort?

L 14|4

- **O** Moi, c'est Lina!
- **R** Super!
- **N** Nina?
- **O** Bonjour, Monsieur!
- **J** Non. **Li**-na!
- **B** Salut, je m'appelle Julie. Et toi?
- **!** C'est qui?
- **U** Bonjour, Julie. Ça va?

_ _ _ _ _ _ _ _

## Dialogue modèle

**1** ▶ 15|2

**Réponds.** | **Schreibe die passenden Antworten auf.**

Non, je suis en sixième A. Moi, c'est Robin!
Marie Guillaume, madame! Non, en sixième. Je suis en sixième B!

1. Tu t'appelles comment?

_______________________________________________

2. Tu es en sixième B?

_______________________________________________

3. Salut! Moi, c'est Thomas! Et toi, tu t'appelles comment?

_______________________________________________

4. Tu es en cinquième?

_______________________________________________

_______________________________________________

**2** ▶ 15|3

**Complète.** | **Vervollständige den Dialog.**

– Tu t'appelles _______________?
– Anissa. _______________?
– Marie! Tu es _______________________________?
– Oui, en cinquième B! _______________?
– Moi, je suis _______________________________.

▶ 16|1 **3**

**Écris le dialogue.** | **Kannst du verstehen, was sie sagen? Schreibe den Dialog auf. Denke an die Satzzeichen!**

1. Salut, Thomas! Ça va? _______________________________________________

_______________________________________________

16|2 **4** Coche le bon dessin. | Zu welchem Bild passt der Dialog? Kreuze an und markiere alle Wörter in dem Dialog, die dich darauf gebracht haben.

– Le garçon, c'est qui?
– C'est Paul.
– Il est en sixième?
– Oui, il est dans la classe de Nicolas.

**5** Apprends les rimes. | Lerne diese Reime. Du kannst auch ein Foto einkleben oder etwas dazu zeichnen.

Le garçon, c'est Élias.
Il est dans ma classe.[1]
La fille, c'est Meriem
Elle est en cinquième.

1 **dans ma classe** in meiner Klasse

16|2 **6** Markiere alle männlichen Nomen, Artikel und Pronomen *blau* und alle weiblichen Nomen, Artikel und Pronomen *rot*!

– Le garçon, c'est qui?
– C'est Nicolas. Il est en sixième.

– La fille, c'est qui?
– C'est Océane. Elle est en cinquième.

**7** Complète. | Ergänze die Sätze mit den richtigen Präpositionen.

en dans de d'

1. Thomas est ______ cinquième. Il est ______ la classe ______ Maxime et ______ Anissa.
2. Nicolas est ______ sixième. Il est ______ la classe ______ Laurine et ______ Marie.
3. Et toi, tu es ______ la classe ______ Océane?

**8** Écris. | Stelle den Dialog wieder her und schreibe ihn auf. Denke an Satzzeichen und Groß- und Kleinschreibung!

lafillec'estquic'estmarieelleestdanslaclassedelaurineetdenicolas

______________________________

______________________________

18|1 **1** a C'est qui? | Wer ist das? Schau dir das Foto in deinem Buch auf S. 6 an und schreibe die Namen unter die Fotos.

b Welche Kinder sind Geschwister? Male ihre Namensschilder jeweils mit der gleichen Farbe aus.

6 **2** Écoute et ajoute les accents. | Hör zu und lies die Wörter mit. Alle Akzente fehlen. Füge sie hinzu.

7 **3** a Complète. | [u] wie in *vous* oder [y] wie in *tu*? Hör dir die Reime an und ergänze die fehlenden Buchstaben.

18|2

1

2

– Bonj____r, bonj____r!

– V____s êtes dans la c____r?

– Sal____t! C'est L____l____?

– Non, c'est Man____!

b Hör dir die Reime noch einmal an und lies laut mit.

**4** 18|4 23|7

Complète et écris les noms avec l'article défini. | Vervollständige die Wörter und schreibe sie mit dem bestimmten Artikel auf (männliche Wörter *blau*, weibliche *rot*). Schreibe dahinter das Wort im Plural.

| | | |
|---|---|---|
| c o l l è g e | 1. le collège | 2. les collèges |
| a _ i _ | 3. ______ | 4. ______ |
| c _ u _ | 5. ______ | 6. ______ |
| g _ _ ç _ _ | 7. ______ | 8. ______ |
| f i _ _ e | 9. ______ | 10. ______ |
| _ m _ | 11. ______ | 12. ______ |

**5** 18|4 23|7

Mets les mots au singulier. |
Setze die Wörter in die Einzahl. Schreibe sie mit dem bestimmten Artikel *le*, *la* oder *l'* auf: männliche Wörter *blau* und weibliche *rot*. ▶ Repères, p. 21/3

les amis les cinquièmes
les classes les frères
les sœurs les collèges
les sixièmes les surveillants

**6** 22|2

Retrouve les formes du verbe *être* et les pronoms personnels. | Finde alle Formen des Verbs *être* und die Personalpronomen wieder und schreibe sie auf. (▶ Repères, p. 21/2).

| | | | | | | | | | |
|---|---|---|---|---|---|---|---|---|---|
| S | K | O | P | I | L | S | U | E | N |
| E | S | T | A | C | F | Q | M | S | O |
| F | U | S | Q | V | J | E | X | T | U |
| H | N | S | U | I | S | N | R | T | S |
| B | S | K | I | Z | H | Ê | T | E | S |
| V | O | U | S | E | L | L | E | Y | I |
| I | N | D | R | S | O | N | T | O | N |
| X | T | E | T | T | O | Z | I | L | L |
| M | S | O | M | M | E | S | R | O | P |
| A | I | P | C | D | E | L | L | E | S |

______

______

il ______ / elle

______

______

______ /

**7** 22|5

Relie. | Verbinde die Sätze und schreibe sie in dein Heft. Manchmal gibt es mehrere Möglichkeiten. ▶ Repères, p. 21/2

| | |
|---|---|
| Je **1** | **a** sommes en sixième. |
| Tu **2** | **b** est dans la classe de Thomas. |
| Il **3** | **c** êtes Monsieur Bon? |
| Elle **4** | **d** sont en cinquième. |
| Nous **5** | **e** est dans la cour. |
| Vous **6** | **f** es le frère d'Anissa? |
| Ils **7** | **g** sont dans la classe de Mehdi. |
| Elles **8** | **h** suis Monsieur Paul, le prof de français. |
| | **i** êtes dans la classe de Nicolas? |

**8** Complète. | Vervollständige die Sätze mit den Formen von *être* und den passenden Personalpronomen.

22|1 **9** Jouez à la marelle. | Spielt Himmel und Hölle. Malt mit Kreide die Felder auf euren Schulhof und übt das Verb *être*. Eine Vorlage findet ihr auf Seite 80. ▶ Repères, p. 21/2

19|8 **10** Lis les réponses et trouve les questions. | Die Fragen sind durcheinander geraten. Finde zu den Antworten die passenden Fragen und schreibe sie auf.

1. c' / garçon, / est / qui / Le /? – C'est l'ami de Maxime.

– *Le garçon, c'est qui?*

2. sixième / es / A / Tu / en /? – Non, je suis en sixième B.

– ______________________

3. comment / Tu / appelles / t' /? – Robin.

– ______________________________

4. amie / de / Anissa, / l' / c'est / Maxime /? – Oui, c'est l'amie de Maxime.

– ______________________________

5. êtes / surveillante / Vous / la /? – Oui, je suis la surveillante.

– ______________________________

6. en / êtes / sixième / Vous /? – Oui, nous sommes en sixième, en sixième B!

– ______________________________

**11**

Travaillez à deux: Faites le tandem, p. 65.[1]

1 Arbeitet zu zweit: Macht die Tandemübung, S. 65.

**12** C'est qui? | Hier sind noch weitere Jugendliche aus dem Collège Jean Jaurès. Wähle einen Jungen / ein Mädchen aus und stelle ihn/sie vor. (Denke dir Vorname, Klasse, Geschwister und Freunde aus.)

______________________________

______________________________

______________________________

______________________________

______________________________

______________________________

______________________________

20|1a **13 a** Note les numéros. | Wo kann man diese Produkte kaufen? Schreibe die Nummern der Geschäfte in die Kästchen.

1

2

3

a ☐

h ☐

g ☐

e ☐

b ☐

d ☐

c ☐

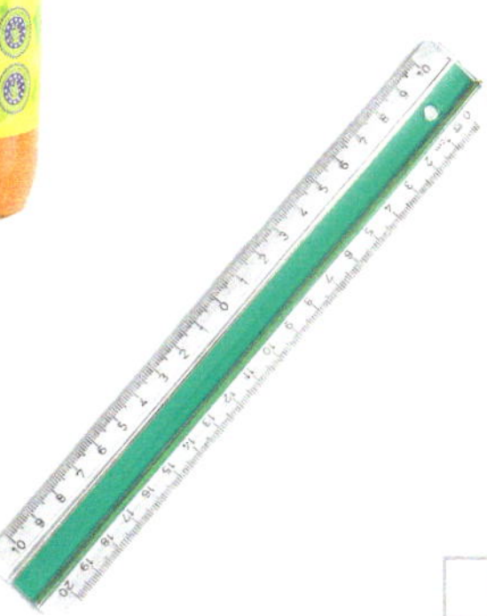
f ☐

i ☐

**b** Was heißen diese Wörter wohl auf Deutsch?

1. la boucherie ________________________

2. la papeterie ________________________

3. l'alimentation *f.* ________________________

20|1b **14 a** Trouve le mot français. | Schreibe unter die Fotos das passende französische Wort.

le cinéma
le bus
le restaurant
le parc
le supermarché
le téléphone
la poste
le souvenir

**1**

___________________

**2**

___________________

**3**

___________________

**4**

___________________

**5**

___________________

**6**

___________________

**7**

___________________

**8**

___________________

**b** Woher wusstest du, welches Wort zu welchem Foto gehört? Antworte auf Deutsch.

1. Supermarkt (deutsch)
2. ___________________
3. ___________________
4. ___________________
5. ___________________
6. ___________________
7. ___________________
8. ___________________

## 1 Wortschatz / Bestimmter Artikel

**Retrouve les noms. | Finde die Nomen im Singular wieder und schreibe sie mit dem bestimmten Artikel auf. Schreibe dahinter die Nomen mit dem bestimmten Artikel im Plural.**

| Konsonanten | Vokale | Singular | Plural |
|---|---|---|---|
| f l l | i e | 1. ________ | 2. ________ |
| g r ç n | a o | 3. ________ | 4. ________ |
| c l s s | a e | 5. ________ | 6. ________ |
| l v | é è e | 7. ________ | 8. ________ |
| f r r | è e | 9. ________ | 10. ________ |
| s r | œ u | 11. ________ | 12. ________ |

## 2 Das Verb *être* und die Personalpronomen

**Wähle die passende Form von *être* aus. Streiche die Form, die nicht passt, durch.**

1. – Bonjour, monsieur! vous êtes / tu es le prof de français?
   – Non, je suis le surveillant.
2. – Mehdi, tu es dans la classe de Sonia?
   – Non, nous sommes / je suis dans la classe de David.
3. – Thomas et Océane, vous êtes dans la classe de Mehdi?
   – Non, ils sont / nous sommes dans la classe de Maxime.
4. – Océane, tu es en cinquième?
   – Oui, il est / je suis en cinquième B.
5. – Laurine et Nicolas sont en sixième A?
   – Oui, elles sont / ils sont dans la classe de Marie.

## 3 Wie sagst du es auf Französisch?

**Relie. | Verbinde.**

| | | | |
|---|---|---|---|
| Ich stelle mich vor. | 1 | a | Il/Elle est en (Klasse). |
| Ich sage, in welcher Klasse ich bin. | 2 | b | Je suis en (Klasse). |
| Ich sage, mit wem ich befreundet bin. | 3 | c | Voilà (Vorname). |
| Ich stelle jemanden vor. | 4 | d | Je suis l'ami / l'amie de (Vorname). |
| Ich sage, mit wem er/sie befreundet ist. | 5 | e | Je m'appelle (Vorname). |
| Ich sage, in welcher Klasse er/sie ist. | 6 | f | C'est l'ami / l'amie de (Vorname). |

Die Lösungen findest du auf S. 72.

# MODULE A L’alphabet

**1** Qu’est-ce que c’est? | Schreibe auf, wie diese Buchstaben und Zeichen heißen. ▶ Livre, p. 26

le garçon ______________________ vous êtes ______________________

le collège ______________________ la rentrée ______________________

l’ami ______________________

L 26|2 **2** Ajoute les accents et les signes. | In diesem Text fehlen 14 Akzente und Zeichen. Füge sie hinzu.

Voila Oceane. Elle est en cinquieme, dans la classe d Anissa. Voila Nicolas. C est le frere d Oceane. Il est en sixieme. Et voila madame Martel. C est la prof de francais de Nicolas. Et vous? Vous etes la surveillante?

L 27|5 **3** Dessine les mots. | Suche dir in der Wortliste zur Unité 2 in deinem Buch auf Seite 113–115 deine Lieblingswörter aus und gestalte sie. Male z. B. die Buchstaben aus.

**4** **a** Les mots en costume. | Schau dir die Anzüge an. Für welche Wörter der Übung **2** sind sie bestimmt?

**b** Vergleiche deine Ergebnisse mit deinem Nachbarn.

# Unité 3 Un quartier de Levallois

## Approches

8 29|3 **1** **a** Écoute le rap et note les numéros. | Hör dir den Rap von S. 28–29 in deinem Buch noch einmal an und nummeriere die Fotos in der Reihenfolge, in der die Orte genannt werden.

☐ 

un collège

☐ 

__________

☐ 

__________

☐ 

__________

☐ 

__________

1 

__________

☐ 

__________

☐ 

__________

cybercafé
parc
hôtel
supermarché
collège
librairie
cinéma
boulangerie

**b** Schreibe nun unter die Fotos das passende Wort. Verwende *un* oder *une*.

**c** «À Levallois, il y a …». | Schreibe auf, was es in Levallois gibt. Verwende die Nomen von **a** im Plural mit dem unbestimmten Artikel *des*.

À Levallois, il y a des collèges, des cinémas, des __________

__________

__________

31|7b **2** **Le quartier de Zoé.** | **Lies den Text und kreuze die passende Zeichnung an.**

Dans le quartier de Zoé, il y a le métro et il y a un parc. C'est le parc Buisson. Il y a des boulangeries, la boulangerie Perrier et la boulangerie Bon Croissant. Il y a un supermarché et des hôtels, l'hôtel de Paris et l'hôtel de France. Il y a une librairie, la librairie Marcel et il y a aussi un collège, le collège Gustave Eiffel.

☐

☐

**3** 30|4 31|7a **Qu'est-ce qu'il y a dans le quartier de Samir?** | **Beschreibe Samirs Viertel. Vervollständige die Sätze. Achte darauf, ob du den bestimmten Artikel** *(le, la, l', les)* **oder den unbestimmten Artikel** *(un, une, des)* **verwenden musst.**

Dans le quartier de Samir, il y a 

_____un cinéma_____, c'est _____le cinéma_____ Rex et il y a 

__________, c'est __________ de Paris. Il y a 

__________, c'est __________ de Madame Bon et il y a  __________, c'est __________ Jean Jaurès. Et dans la cour, il y a

 __________, bien sûr!

L 31|8

**4** Dessine le quartier de tes rêves. | Zeichne und stelle dein Traumviertel in kurzen Sätzen vor. Du kannst auch eine Fotocollage anfertigen und dir Bildunterschriften ausdenken. Benutze die Wortliste in deinem Buch, S. 116–120.

Dans le quartier de mes rêves[1], il y a ______________________

______________________

______________________

______________________

1 le quartier de mes rêves [lɔkaʀtjedəmeʀɛv] mein Traumviertel

L 29|2

**5** Écris. | Was sagt Robin? Stelle passende Fragen und schreibe sie auf. Verwende *Qu'est-ce qu'il y a*.

1. Qu'est-ce qu'il y a dans la boulangerie? ______________________

   Dans la boulangerie, il y a des croissants.

2. ______________________

   Dans le quartier d'Océane, il y a un cinéma, un supermarché, une librairie …

3. ______________________

   Près de Levallois, il y a Paris!

4. ______________________

   À Levallois, il y a des murs peints, le métro et la Seine.

## Dialogue modèle

9–10
32|4

**1** Écoute et complète les dialogues. | Hör dir die Dialoge an. Sprich die fehlenden Wörter zuerst nach. Dann schreibe sie auf.

C'est à côté — entre le cinéma et le supermarché — j'habite rue du Parc — Il y a une boulangerie

1. Gibt es eine Bäckerei?

– ______________________________ dans le quartier?

– Oui, bien sûr. Rue du Parc. La boulangerie est ______________________________ ______________________________.

2. Wo wohnst du?

– Tu habites où?

– Moi, ______________________________ ______________________________.

– C'est où?

– ______________________________!

32|1

**2** Mets dans l'ordre. | Finde die richtige Reihenfolge der Sätze wieder. Nummeriere die Kästchen (1–8).

| | |
|---|---|
| **Nicolas:** Moi, j'habite avenue de l'Europe. | ☐ |
| **Robin:** Ah oui! Moi, j'habite rue du Parc. | ☐ |
| **Nicolas:** On rentre ensemble? | 1 |
| **Robin:** D'accord! | ☐ |
| **Nicolas:** C'est entre le métro et le roller parc. | ☐ |
| **Robin:** C'est où? | ☐ |
| **Nicolas:** Super, c'est à côté! Alors, on rentre ensemble? | ☐ |
| **Robin:** Je ne sais pas. Tu habites où? | ☐ |

**3** Qu'est-ce qu'il dit? | Kannst du die Botschaft entziffern? Schreibe den Dialog auf.

– L'avenue de l'Europe, c'est où? – C'est entre le métro et le roller parc.
– Et la rue du Parc, c'est où? – C'est à côté!
– Et la rue Jean Jaurès, c'est où? – Je ne sais pas.

______________________________

______________________________

______________________________

______________________________

______________________________

**4 a** C’est qui? | Finde heraus, wer hier spricht.

Je suis un garçon. Je suis en sixième A. Je suis dans la classe de Laurine. J’habite 9, avenue de l’Europe, à Levallois. Je suis le frère d’Océane.

C’est qui? ______________________________

**b** À toi! | Schreibe ein Rätsel wie in a. Gib es deinem Nachbarn auf.

______________________________

______________________________

L 33|5c

**5** C’est où? | Nach der Schule reden Marie und Robin miteinander. Schreibe den Dialog.

1 ______________________________

2 ______________________________

1. Marie fragt Robin, wo er wohnt.
2. Er antwortet, dass er in der „Rue du Parc“ wohnt.

3 ______________________________

4 ______________________________

3. Marie fragt Robin, wo das ist.
4. Er antwortet, dass es zwischen der U-Bahn und dem Skatepark ist.

5 ______________________________

6 ______________________________

5. Marie fragt Robin, ob sie zusammen nach Hause gehen.
6. Robin antwortet, dass er einverstanden ist.

L 32|3

**6** Relie. | Welches Zahlwort passt zu welcher Zahl? Verbinde. Verwende verschiedene Farbstifte!

cinq neuf trois six

deux un huit quatre dix sept

**7** **a** Les nombres de un à dix. | Finde die Zahlen von 1–10 wieder.

32|3

| | | | | | | | | | |
|---|---|---|---|---|---|---|---|---|---|
| A | S | N | E | U | F | A | D | H | R |
| U | M | D | G | I | H | S | I | U | U |
| D | E | E | F | R | A | E | N | I | K |
| A | L | U | A | E | R | X | I | T | O |
| U | S | X | O | S | E | P | T | P | S |
| Q | T | A | T | A | D | I | X | S | I |
| S | R | S | T | R | O | U | I | X | X |
| T | O | O | I | S | A | N | I | N | E |
| J | I | E | Q | U | A | T | R | E | S |
| C | S | N | Q | U | C | I | N | Q | B |

| | | | | | | | | | |
|---|---|---|---|---|---|---|---|---|---|
| | | | S | | | | | | |
| | | | E | | | | | | |
| | | | P | | | | | | |
| | | | T | | | | | | |
| | | | | | | | | | |
| | | | | | | | | | |
| | | | | | | | | | |
| | | | | | | | | | |
| | | | | | | | | | |
| | | | | | | | | | |

**b** Verstecke selbst die Zahlen von 1–10 (in Worten) in dem leeren Raster und lege dein Rätsel einem Mitschüler / einer Mitschülerin vor.

**c** Écris les numéros des pages. | Schreibe die Seitenzahlen unten auf den Seiten 3–10 in deinem Carnet in Worten auf.

**8** **a** Écoute et trouve le bon numéro. | Hör dir die Adressen an und kreise die richtige Hausnummer ein.

11

32|3

**1** 2 7 10

**2** 5 1 10

**3** 4 8 3

**b** Ils habitent où? | Höre dir die Adressen an und schreibe die richtigen Hausnummern auf.

12

1. Antoine habite ________, rue du Parc.
2. Omar habite ________, rue Voltaire.
3. Naïma habite ________, rue Pasteur.

**9** Apprends la comptine. | Lies diesen Abzählreim laut vor und lerne ihn auswendig.

Un, deux, trois
Salut, c'est moi!
Quatre, cinq, six
Ça va, Maurice?
Sept, huit, neuf, dix
Et toi, Iris?
Super, Maurice!

## Texte: Exercices

35|1 **1** Ils habitent où? Complète les adresses. | Schau noch einmal in dem Text auf S. 34 in deinem Buch nach und ergänze die Anschriften.

Laurine Fournier

___________________________

92300 Levallois-Perret

Robin Teissier

___________________________

92300 ___________________________

Marie Guillaume

___________________________

92300 Levallois-Perret

Nicolas Moreau

___________________________

92300 Levallois-Perret

**2** Welcher Buchstabe passt wohin? Vervollständige den Text. Achte dabei auf die Sonderzeichen!

1. Je m_app___lle Laurine et j_habite ___ Levallois.
2. – Levallois, c_est o___? – C_est pr___s de Paris.
3. – Qu_est-ce qu'il y ___ à Levallois?
   – Des m___rs peints et m___me le métr___.
4. – Il y ___ un h___tel dans le quartier?
   – Bien s___r! Rue Eiffel. C_est ___ c___t___!

**36|7** **3** **Complète les phrases. | Vervollständige die Sätze mit der richtigen Präposition.**

à   dans   de   entre   près de   sur

**37|9a** **4** **Trouve les questions. | Finde die passenden Fragen.**

1. *Vous êtes de Levallois?*

   Oui, on est de Levallois, mais on habite à Versailles.

2. ______________________________

   Versailles, c'est près de Paris!

> Finde heraus, wo Versailles liegt, und trage es auf deiner Frankreichkarte, S. 6, ein

3. ______________________________

   Non, on habite rue Eiffel.

4. ______________________________

   C'est entre le cinéma et le supermarché.

5. ______________________________

   Oui, nous sommes les frères de Jean-Yves.

▶ 37|9a **5** Réponds aux questions. | Beantworte die Fragen. Vergiss den Apostroph ' nicht!

1. Tu habites où? (rue du Parc)

J'habite rue du Parc. ______________________________

2. Mehdi, c'est le frère de Leïla? (Non → Anissa)

______________________________

3. Il y a un hôtel rue du Parc? (Oui → rue du Parc → l'Hôtel de Paris)

______________________________

4. On passe par où? (avenue de l'Europe)

______________________________

**6** ▶ 37|9c

Travaillez à deux.
Faites le tandem, p. 66.

**7** ▶ 41|6

**a** Complète. | Ergänze die Formen der Verben auf *-er*.

-e -es -e -ons -ez -ent

1. je cherch________ 5. ils habit________ 9. nous pass________

2. tu habit________ 6. elles regard________ 10. il pass________

3. elle regard________ 7. j'habit________ 11. on pass________

4. nous cherch________ 8. on regard________ 12. vous rentr________

**b** Traduis. | Übersetze die Formen (1–9) von **a**.

1. ________ 4. ________ 7. ________

2. ________ 5. ________ 8. ________

3. ________ 6. ________ 9. ________

**c** Complète les phrases. | Vervollständige die Sätze mit den passenden Verben von **a**.

1. On ________ par la rue Victor Hugo? 3. Nous ________ une médiathèque.

2. Ils ________ où? 4. Vous ________ à pied?

**8** 36|5a

Trouve les paires de mots. | Finde die Wörter wieder und bilde Wortpaare, die zusammenpassen. Schreibe sie mit dem unbestimmten Artikel *(un, une, des)* auf.

une médiathèque – un cybercafé

______ – ______

______ – ______

______ – ______

______ – ______

______ – ______

**9** Fais ces mots-croisés. | Mach dieses Kreuzworträtsel.

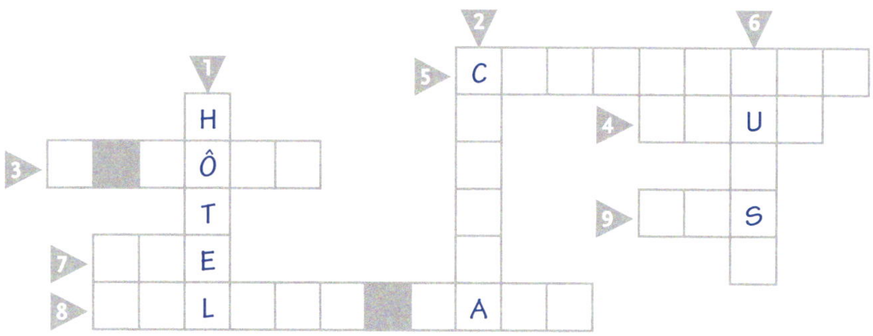


1. Il y a un ? dans le quartier?
2. Il y a un ? dans la rue Anatole France.
3. Vous cherchez la rue Anatole France? C'est ? !
4. Les élèves sont dans la ? .
5. Il y a un ? entre le collège et le parc.
6. Et il y a ? un stade!
7. Et la ? du parc est à côté.
8. Après le collège, on rentre à pied et on passe par le ? .
9. Oh, regarde! Marie est dans le ? !

**10** 36|5a

Dessine *chercher*, *habiter*, *rentrer*. | Um Verben zu behalten, kannst du einen oder zwei Buchstaben so zeichnen, dass man sofort weiß, was das Wort bedeutet.

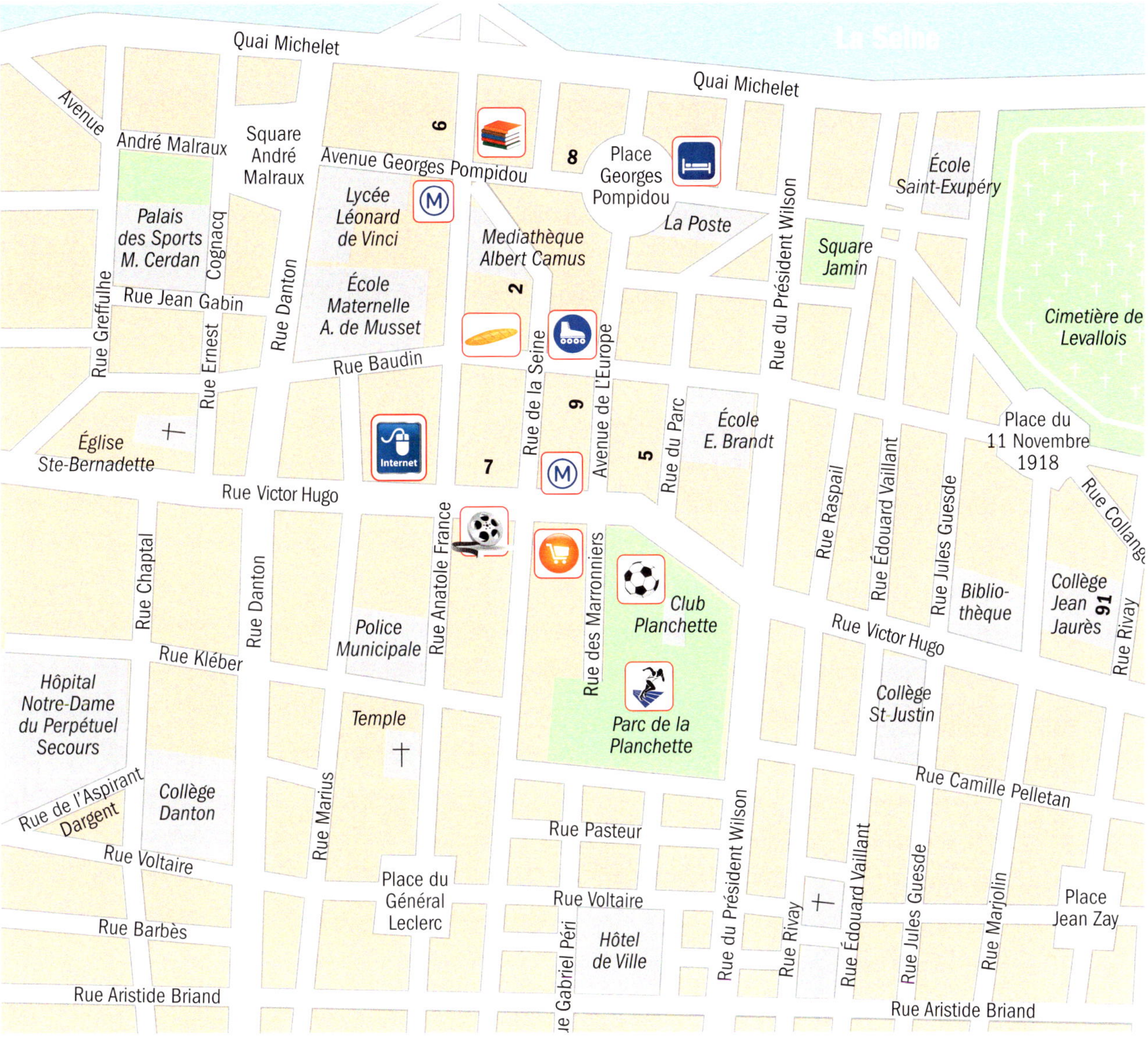


**11 a** Le plan de Levallois. | Finde auf dem Stadtplan:
- eine Schule,
- einen Park,
- eine große Straße,
- eine Metrostation,
- eine Mediathek.

Kreise sie ein.

**b** Finde folgende Orte:
- ein Postamt,
- einen Platz,
- ein Krankenhaus.

Kreise sie ein. Wie hast du sie erkannt?

**c** Was bedeutet das Wort *église*?

☐ Apotheke

☐ Krankenhaus

☐ Kirche

## Réviser

**1** **a** Marie hat eine E-Mail von Élodie bekommen. Der Computer hat aber verrückt gespielt. Hilf ihr, die Nachricht zu entziffern und schreibe sie auf.

**1 sympa** [sɛ̃pa] sympathisch, nett **2 Donne des nouvelles!** Melde dich! **3 À plus!** [aplys] Bis bald!

À:

!tulaS, eiraM
elleppa'm eJ Élodie et j'habite à Aubagne. Aubagne, c'est près de Marseille. ne suis eJ cinquième. Dans la classe, il y a Jérémy et Manon.
Le collège est sympa[1] et avec les profs, aç av.
iot tE, tu es aussi en cinquième? Le collège? sforp seL? Ça va?
Donne des nouvelles![2]
À plus![3] Élodie

______________________________________________

______________________________________________

______________________________________________

______________________________________________

______________________________________________

**b** Marie beantwortet die E-Mail von Élodie. Hilf ihr, ihre Antwort zu verfassen.

Merci pour ton mail.[4]

Salut et à plus!

Le collège, bof.

Marie

moi, ça va

Salut Élodie,

À:

____________________

____________________________. Oui, ____________

________________. Merci. ____________________________

____________. Mais il y a des surveillants et des profs sympa.

Et avec les copains[5] de la classe, c'est super! Voilà pour les nouvelles![6]

________________________ ________________

**4 Merci pour ton mail.** Danke für deine E-Mail. **5 les copains** [lekɔpɛ̃] die Freunde **6 Voilà pour les nouvelles!** Das waren die Neuigkeiten.

**2** Présente Robin. | Stelle Robin vor. Schreibe alles, was du über ihn weißt.

______________________________________________

______________________________________________

______________________________________________

______________________________________________

______________________________________________

______________________________________________

## 1 Wortschatz / Unbestimmter Artikel

Retrouve les noms. | Finde die Nomen wieder und schreibe sie mit dem unbestimmten Artikel auf.

| | | | | | |
|---|---|---|---|---|---|
| 1 boulan | 2 li | 3 média | a lège | b gerie | c ma |
| 4 ciné | 5 cyber | 6 hô | d de | e café | f thèque |
| 7 super | 8 col | 9 sta | g tel | h marché | i brairie |

________________________________________

________________________________________

________________________________________

## 2 Die Zahlen bis 10

Donne le résultat de la course. | Gib die Ergebnisse des Wettlaufs bekannt. Schreibe die Zahlen in Worten auf.

le cinq, ________________________________

________________________________________

## 3 Der unbestimmte Artikel

Wähle den passenden unbestimmten Artikel. Kreise die richtige Form ein.

1. «Le cyberespace», c'est un / une / des cybercafé à Levallois.
2. Bonjour, nous cherchons un / une / des hôtel.
3. À Levallois, il y a un / une / des parcs: le parc de la Planchette et le parc Gustave Eiffel.
4. Marie habite à Levallois, dans un / une / des tour.

## 4 Die Verben auf *-er*

**a** Complète. | Vervollständige die Verbformen.

| je, il, elle, on | tu | nous | vous | ils, elles |
|---|---|---|---|---|
| rentr______ | habit______ | pass______ | habit______ | cherch______ |

**b Complète. | Vervollständige die Sätze mit folgenden Verben.**

1. Marc ____________________ 2, rue de Rivoli.
2. Je ____________________ par la boulangerie, et toi?
3. Lisa et Daniel ____________________ le stade.
4. Nous ____________________ ensemble.
5. Tu ____________________ où?
6. Vous ____________________ à pied?

## 5 Der Apostroph

**Complète les dialogues. | Einige Buchstaben sind verschwunden. Vervollständige die Gespräche.**

l' le l' de d' je j' l'

1. – Je cherche un hôtel dans le quartier.
   – Il y a deux hôtels: ___ hôtel Campanile et ___ hôtel du Parc.
2. – Nicolas, c'est ___ frère ___ Laurine?
   – Non, c'est le frère ___ Océane et c'est ___ ami de Robin.
3. – Tu habites où?
   – ___ habite 8, rue Gabriel Péri. ___ rentre à pied.

## 6 Wie sagst du es auf Französisch?

**Écris le dialogue. | In diesem Interview erzählt Nicolas, woher er kommt und was es in seinem Wohnort gibt. Finde die richtige Reihenfolge der Sätze und schreibe den Dialog auf.**

- [ ] Qu'est-ce qu'il y a à Levallois?
- [ ] Oui, rue Danton.
- [ ] Levallois, c'est où?
- [ ] Il y a des cinémas.
- [ ] Non, je suis de Levallois.
- [ ] Il y a aussi un roller parc à Levallois?
- [1] Salut! Tu es de Paris?
- [ ] C'est près de Paris!

1. Salut! Tu es de Paris?


Die Lösungen findest du auf S. 73–74.

# MODULE B Le vocabulaire en classe

**1** Joue au mémory *Le français en classe.* | Geh auf die Pappseite A in der Mitte deines Carnet und schneide die Karten aus. Spielt das Memoryspiel *Le français en classe.*

**2** Qu'est-ce que c'est? | Knack den Code! Finde die zehn Nomen heraus und schreibe sie mit dem unbestimmten Artikel *un*, *une* in dein Heft!

L 46|2

1ffich3 ph5t5 p5rt3 m5t p5ch3 p1g3 phr1s3 t1bl31u c1hi3r 5rdin1t3ur

**3** Trouve les mots. | Finde die zehn Nomen heraus.

L 46|1

1

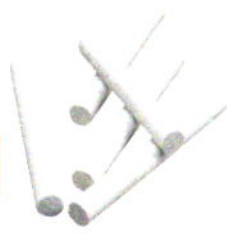
2

3

4

5

6

7

8

9

10

**4** Qu'est-ce qu'il dit? | Was hat der Lehrer gesagt? Welche Aufforderung passt zu welchem Bild? Schreibe die Nummern in die Kästchen. Ein Satz bleibt übrig!

1. Écoutez la chanson.
2. Répétez la phrase.
3. Ouvrez les cahiers.
4. Écoutez et répondez!
5. Fermez les livres.
6. Chantez la chanson!

# Ma famille et moi

## Approches

49|2 **1** **a** Voilà la famille de Nicolas et d'Océane. | Löse das Kreuzworträtsel. ▶ Livre, p. 48–49

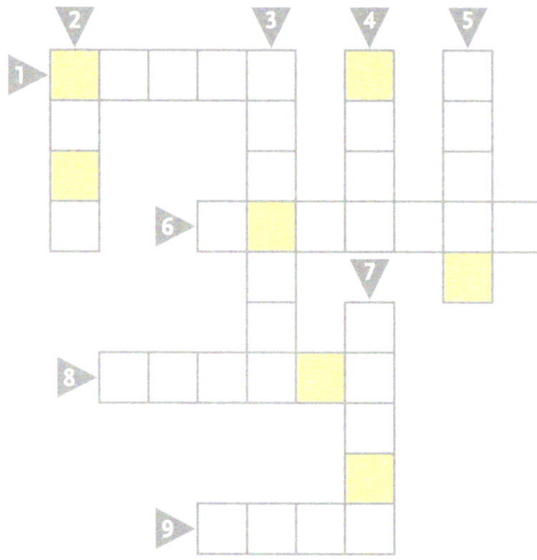

1. Océane est la ? de Frédéric.
2. Nicolas est le ? de Christelle.
3. Nicolas et Océane sont les ? de Frédéric.
4. Christelle est la ? de Nicolas.
5. La sœur de Christelle est la ? de Nicolas.
6. Tonio et Monique sont les ? de Frédéric.
7. Olivier est l'? de Nicolas.
8. Matthieu est le ? d'Océane.
9. Frédéric est le ? de Nicolas.

**b** Die markierten Felder ergeben ein Lösungswort. Schreibe es auf.

la ______________________________

13
49|2 **2** Écoute et remets dans l'ordre. | Hier stellen drei Personen ihre Familie vor. Hör zu und ordne die Bilder der Familien nach der Reihenfolge, in der sie vorgestellt werden. Schreibe die Zahlen in die Kästchen.

a

b

c

48|1 **3** **a** La famille. | Lies den Text und vervollständige den Stammbaum von Paulines Familie.

Pauline et Lucie sont les filles de Max et Magali.
Frédéric et Marine sont les parents de Max.
Magali est la fille de François et Marie.
Laurent est le frère de Max.
Agnès est la sœur de Magali.
Tom et Jean sont les fils d'Agnès et Luc.
Bertille est la fille de Laurent et Claire.

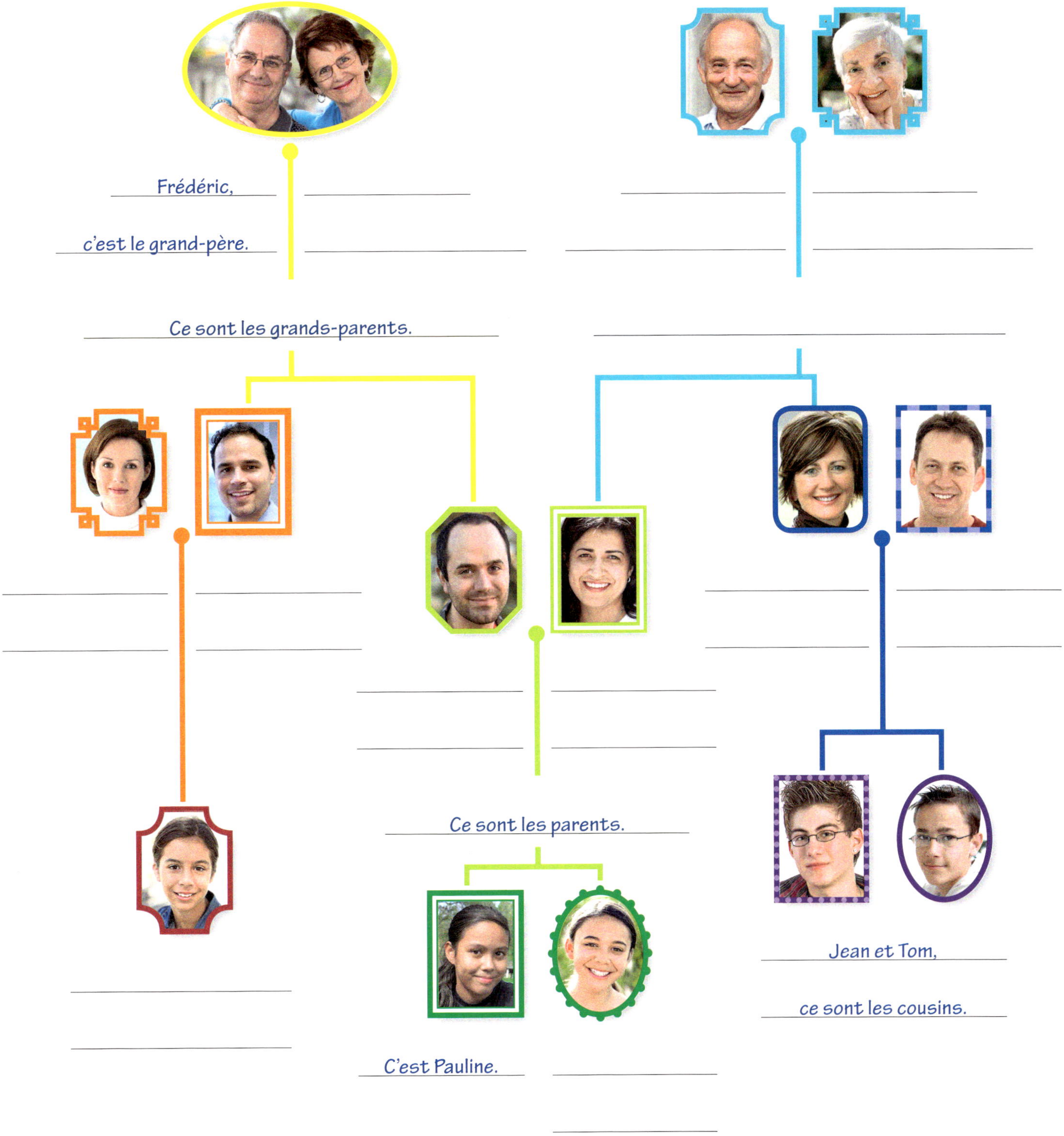


**b** Fertige deinen eigenen Stammbaum an. Klebe Fotos dazu auf.

**4** Jouez au jeu des 8 familles. | Geht auf die Pappseiten B und C eures Carnet und spielt das Spiel der 8 Familien.

## Dialogue modèle

**1** Les animaux. | Finde die Nomen der sechs Tiere wieder und schreibe sie mit dem unbestimmten Artikel *un*, *une* unter das passende Bild.

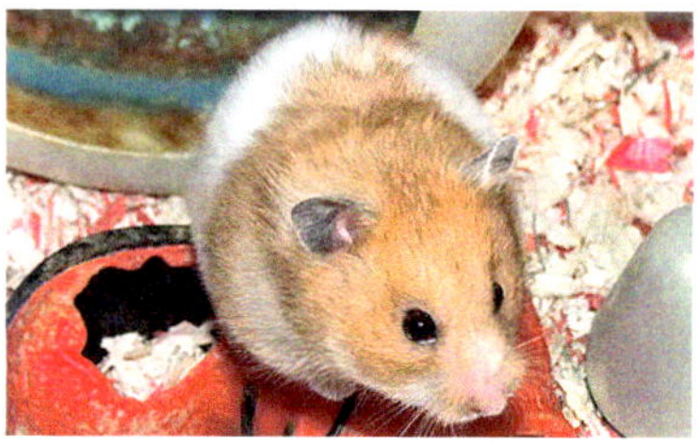
___________

___________

___________

___________

___________

___________

**2** 14–15 50|3 Écoute et complète les dialogues. | Hör dir die Dialoge an. Sprich die fehlenden Wörter zuerst nach. Dann schreibe sie auf.

tu as quel âge — j'ai un chat — il s'appelle comment — tu as des animaux — J'ai douze ans — tu as des frères et sœurs — j'ai un frère et deux sœurs

1. Wie alt bist du?

– Bonjour Noah, ______________________________?

– ______________________________. Et toi?

– Moi, j'ai 13 ans. Et, ______________________________?

– Oui, ______________________________.

2. Hast du Haustiere?

– Damien, ______________________________?

– Oui, ______________________________.

– Un chat … Et ______________________________?

– Il s'appelle Toulouse.

16 **3** Qu'est-ce que c'est? | Höre die Zahlen und verbinde die Punkte. Beginne bei der 16. Was siehst du?

L 50|2

*C'est* ______________________________

17 **4** **a** Écoute. | Hör zu und schreibe zu jeder Person das passende Alter auf.

L 50|2

| Amal | Ben | Camille | Diego | Élie | Farah |
|---|---|---|---|---|---|
| ________ ans | ________ ans | ________ ans | ________ ans | ________ ans | ________ ans |

**b** Écris le numéro des pages. | Schreibe die Seitenzahlen unten auf den Seiten 11–20 in deinem Carnet in Worten auf.

**5** **a** Les animaux. | Wie lautet das Ergebnis dieser Gleichungen? Rechne und schreibe deine Ergebnisse auf.

1. 4 + 10 +  = 2 + 18  = *6*

2. 7 + 7 +  = 5 + 15  = ________

3. 4 + 13 +  = 3 + 16  = ________

4. 4 + 4 +  = 10 + 10  = ________

5. 6 +  = 18 + 2  = ________

6. 6 + 6 +  = 1 + 17  = ________

**b** Comparez. | Lest euch abwechselnd die Gleichung mit den Ergebnissen auf Französisch vor und vergleicht.

1. Quatre plus dix plus chat égale deux plus dix-huit. Chat égale six.

+ *sprich:* [plys]  = *sprich:* [egal]

## 6 a Écris le dialogue. | Am ersten Tag der Städtebegegnung zwischen Levallois und Berlin interviewt Laurine Lisa. Finde heraus, was Lisa erzählt hat, und schreibe den Dialog auf.

L 50|1

1 Nom?

2 Âge?

3 Adresse?

4 Frères et sœurs?

5 Animaux?

6 Merci!

1 Lisa Neumann

2 douze ans

3 Hauptstr. 20, Berlin-Schöneberg

4

◂ Anna

Tim ▸

5

Laurine: *Tu t'appelles comment?* ______________________

Lisa: *Je m'appelle Lisa Neumann.* ______________________

Laurine: ______________________

Lisa: ______________________

Laurine: ______________________

Lisa: ______________________

Laurine: ______________________

Lisa: ______________________

Laurine: ______________________

Lisa: ______________________

Laurine: ______________________

**b** Jouez. | Spiele die Szene mit deinem Nachbarn.

L 51|4

**1** C'est qui? | Lies den Text in deinem Buch auf S. 52 und finde heraus, wer hier spricht.

53|1

Je suis le chien de Nicolas.

*C'est Confetti.* ___

___

Je suis prof de sport.

___

___

J'habite avec mon père.

___

___

Je chante même la nuit!

___

___

J'ai vingt ans.

___

___

Mon chat s'appelle Pistache.

___

___

**2** Complète le poème. | Vervollständige das Gedicht.

Du kannst auch einen Rap daraus machen.

Moi, ___ Azouz
Je suis ___ Toulouse
___ en cinquième
Avec ___ Bassem.
Mon père ___ à Albi[1]
___ une boulangerie.
Ma mère travaille ici[2]
Dans une ___.
J'ai des frères et sœurs,
Deux ___ et une ___!
J'ai dix ___ et cousines
Et j'ai un tas de copines[3]!

1 **Albi** *Stadt in Südfrankreich*
2 **ici** hier
3 **un tas de copines** viele Freundinnen

54|3 **3** **a** Voilà la famille de Ludo. | Ludo hat sich eine Traumfamilie ausgesucht. Stelle sie vor. ▶ Repères, p. 59/2

Audrey Tautou

Jack Sparrow

Titeuf

Cléopâtre

Astérix

*Ma mère, c'est Audrey Tautou.*

______________________________

______________________________

**b** À toi. | Stelle deine Traumfamilie vor. Schreibe in dein Heft. Verwende *mon*, *ma*, *mes*.

54|3 54|4b **4** Complète. | Max hat Robins E-Mail bekommen und ihm geantwortet. Er ist sich aber bei einigen Wörtern nicht sicher. Vervollständige den Text mit *mon*, *ma*, *mes* und *ton*, *ta*, *tes*. ▶ Repères, p. 59/2

À: Robin Tessier

**Salut** Robin,

Ça va? Moi, je m'appelle Max. ________ âge? Douze ans. ________ classe: la sixième A. J'habite à Ahrenshoop avec ________ parents. Voilà ________ adresse: Grüne Straße 4, 18347 Ahrenshoop. J'ai aussi un animal: ________ chat s'appelle Felix. Et ________ copains, ce sont Alex et Jeremy. Et voilà ________ questions: ________ perruche, elle a quel âge? Et ________ copains? Ils s'appellent comment? ________ prof de sport est sympa? ***À plus!*** Max

60|2a 60|3 **5** Voilà Manon! | Du hast Manons Steckbrief bekommen und stellst sie deiner Klasse vor. Verwende *son*, *sa*, *ses*. ▶ Repères, p. 59/2

*Voilà Manon. Sa classe, c'est la sixième E. Son collège, c'est le*

______________________________

______________________________

______________________________

______________________________

______________________________

**nom:** Manon
**classe:** sixième E
**collège:** collège Danton
**frères:** Léo et Marc
**mère:** travaille dans une librairie
**adresse:** 5, rue des Lilas
**animal:** un cochon d'Inde, Pico

| | | | |
|---|---|---|---|
|  | la table | 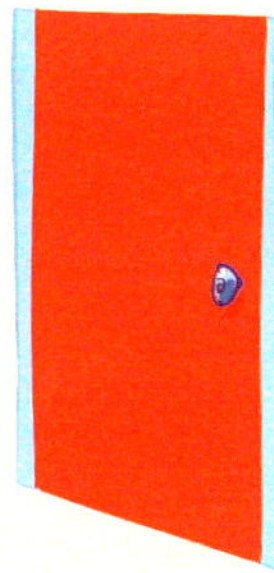 | la porte |
| le carnet |  | la fenêtre |  |
|  | le cahier |  | la craie |
| l’ordinateur | 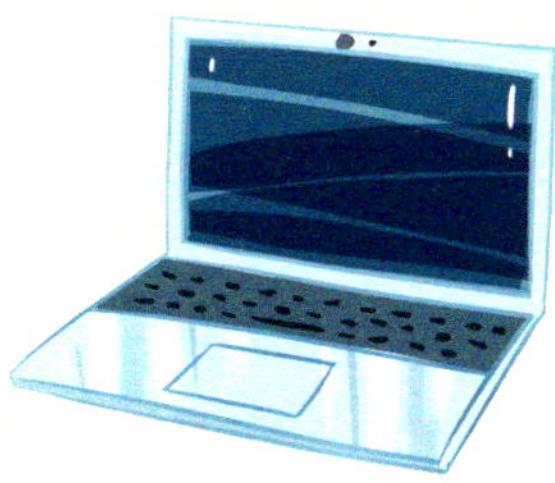 | le tableau | 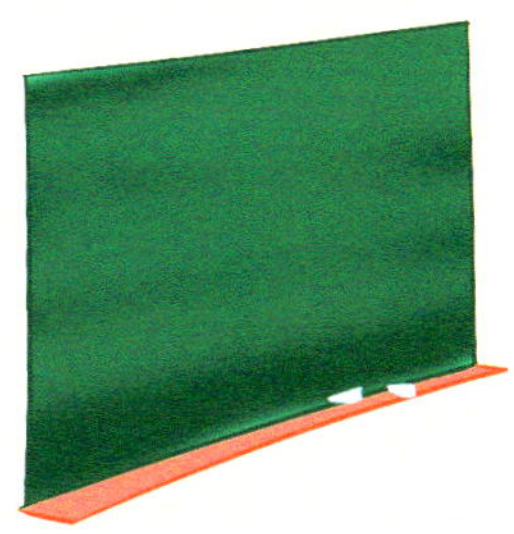 |
|  | la chaise |  | le livre |
| le stylo |  | le sac à dos | 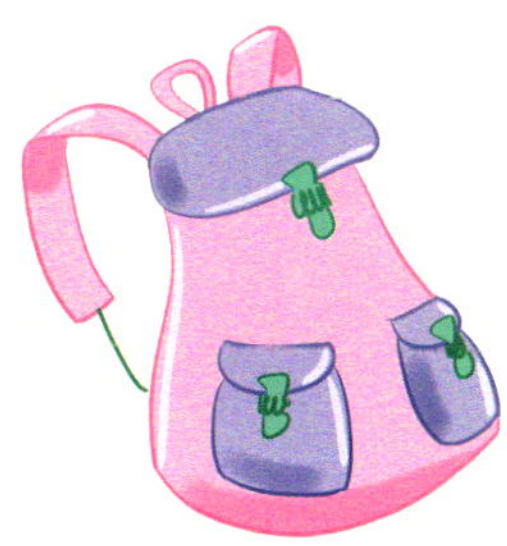 |

LE JEU DE MÉMORY

**Famille Bikini**
**la mère** | le fils
la fille | le grand-père
la grand-mère

**Famille Bikini**
la mère | **le fils**
la fille | le grand-père
la grand-mère

**Famille Bikini**
la mère | le fils
**la fille** | le grand-père
la grand-mère

**Famille Bikini**
la mère | le fils
la fille | **le grand-père**
la grand-mère

**Famille Bikini**
la mère | le fils
la fille | le grand-père
**la grand-mère**

**Famille Cervot**
**le père** | la mère
le fils | la fille
le grand-père

**Famille Cervot**
le père | **la mère**
le fils | la fille
le grand-père

**Famille Cervot**
le père | la mère
**le fils** | la fille
le grand-père

**Famille Cervot**
le père | la mère
le fils | **la fille**
le grand-père

**Famille Cervot**
le père | la mère
le fils | la fille
**le grand-père**

**Famille Tréchic**
**le père** | la mère
le fils | la fille
la grand-mère

**Famille Tréchic**
le père | **la mère**
le fils | la fille
la grand-mère

**Famille Tréchic**
le père | la mère
**le fils** | la fille
la grand-mère

**Famille Tréchic**
le père | la mère
le fils | **la fille**
la grand-mère

**Famille Tréchic**
le père | la mère
le fils | la fille
**la grand-mère**

**Famille Désil**
**le père** | la mère
la fille | le grand-père
la grand-mère

**Famille Désil**
le père | **la mère**
la fille | le grand-père
la grand-mère

**Famille Désil**
le père | la mère
**la fille** | le grand-père
la grand-mère

**Famille Désil**
le père | la mère
la fille | **le grand-père**
la grand-mère

**Famille Désil**
le père | la mère
la fille | le grand-père
**la grand-mère**

## Jeu des 8 familles

Für 2 bis 6 Spieler

**Ziel:** Möglichst viele Familien sammeln.

❶ Mischt die Karten. Jeder Spieler erhält 5 Karten. Die restlichen Karten kommen auf einen Stapel in die Mitte.

❷ Sortiert eure Karten nach Familien. Jede Familie hat fünf Mitglieder.

❸ Der Spieler, der links vom Kartengeber sitzt, beginnt und fragt einen beliebigen Mitspieler nach einer Karte, die ihm zur Bildung einer Familie fehlt. Wenn der Gefragte die Karte hat, muss er sie abgeben und der erste Spieler darf weiterfragen.

❹ Wenn der Gefragte die Karte nicht hat, muss der, der gefragt hat, eine Karte vom Stapel in der Mitte ziehen. Jetzt ist derjenige an der Reihe, der zuletzt befragt wurde.

❺ Sobald ein Spieler eine vollständige Familie besitzt, ruft er „Famille" und legt sie offen vor sich auf den Tisch.

**So fragst du:**

- Dans la famille Lecha, je voudrais (le père). | Aus der Familie Lecha hätte ich gern (den Vater).

**So antwortest du:**

- Voilà (la grand-mère).
- Non, je n'ai pas (la mère).
- Désolé, pioche! | Sorry! Du musst ziehen!

**So gewinnst du:**

- Famille!
- J'ai une famille! / J'ai la famille (Piknik)!

**Famille Lecha**
**le père** | le fils | la fille
le grand-père
la grand-mère

**Famille Lecha**
le père | **le fils** | la fille
le grand-père
la grand-mère

**Famille Lecha**
le père | le fils | **la fille**
le grand-père
la grand-mère

**Famille Lecha**
le père | le fils | la fille
**le grand-père**
la grand-mère

**Famille Lecha**
le père | le fils | la fille
le grand-père
**la grand-mère**

**Famille Piknik**
**le père** | la mère
le fils | la fille
la grand-mère

**Famille Piknik**
le père | **la mère**
le fils | la fille
la grand-mère

**Famille Piknik**
le père | la mère
**le fils** | la fille
la grand-mère

**Famille Piknik**
le père | la mère
le fils | **la fille**
la grand-mère

**Famille Piknik**
le père | la mère
le fils | la fille
**la grand-mère**

**Famille Costo**
**le père** | le fils | la fille
le grand-père
la grand-mère

**Famille Costo**
le père | **le fils** | la fille
le grand-père
la grand-mère

**Famille Costo**
le père | le fils | **la fille**
le grand-père
la grand-mère

**Famille Costo**
le père | le fils | la fille
**le grand-père**
la grand-mère

**Famille Costo**
le père | le fils | la fille
le grand-père
**la grand-mère**

**Famille Mifaçol**
**le père** | la mère
le fils | le grand-père
la grand-mère

**Famille Mifaçol**
le père | **la mère**
le fils | le grand-père
la grand-mère

**Famille Mifaçol**
le père | la mère
**le fils** | le grand-père
la grand-mère

**Famille Mifaçol**
le père | la mère
le fils | **le grand-père**
la grand-mère

**Famille Mifaçol**
le père | la mère
le fils | le grand-père
**la grand-mère**

JEU DES 8 FAMILLES

## Ta pancarte de porte

Découpe ta pancarte.

Écris un texte et décore ta pancarte.

Matériel:

un crayon

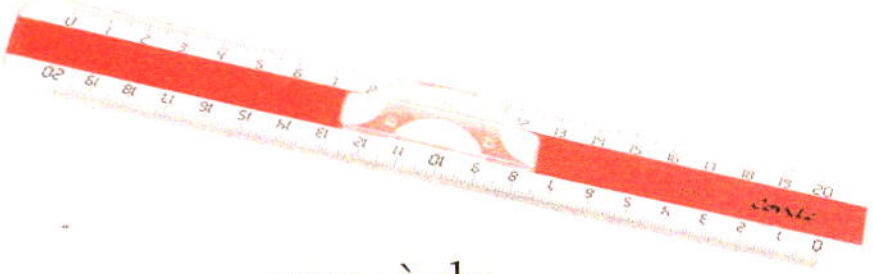

une règle

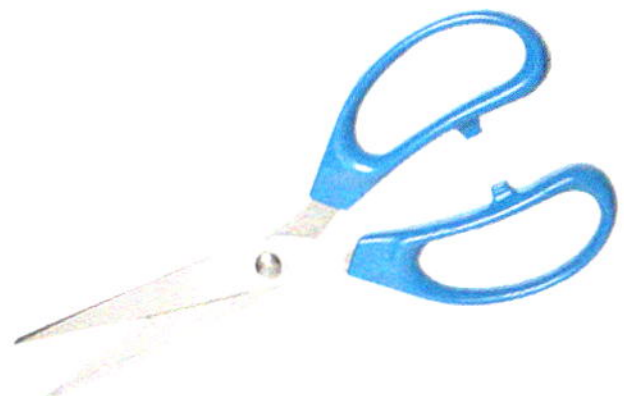

des ciseaux

des feutres

Silence, je rêve[1].
Chut[2], j'écoute ma musique.
Chut, je travaille.
Silence, je téléphone.
___.

**1 je rêve** ich träume **2 chut** psst

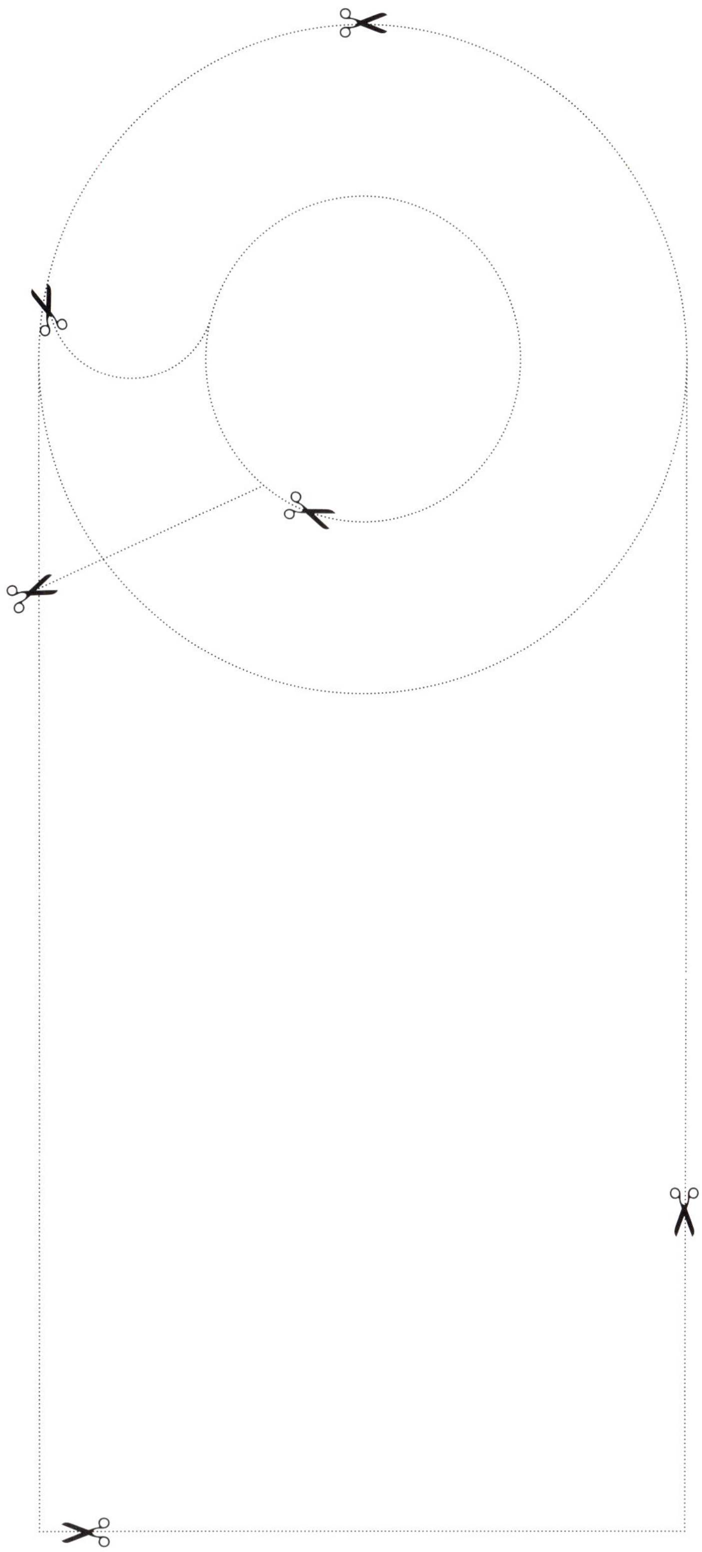

## 6

55|5

Travaillez à deux.
Faites le tandem, p. 67.

## 7

**a** Trouve les formes du verbe *avoir*. | Finde die Formen von *avoir*. Vervollständige die Tabellen.
▶ Repères, p. 59/3

| | | | | | |
|---|---|---|---|---|---|
| A | I | E | A | R | A |
| U | A | V | E | I | V |
| O | S | O | A | P | O |
| N | O | N | S | I | N |
| T | I | S | R | E | S |
| A | V | E | Z | L | E |

**AVOIR**

| | |
|---|---|
| j' | |
| tu | |
| il/elle/on | |
| nous | |
| vous | |
| ils/elles | |

**HABEN**

| | |
|---|---|
| ich | habe |
| du | |
| er/sie/man | |
| wir | |
| ihr | habt / Sie haben |
| sie | |

**b** Complète. | Vervollständige die Sätze mit der passenden Form von *avoir*.

61|6

1. Vous ___avez___ des animaux?
2. Nous ________ un cochon d'Inde. Il ________ deux ans.
3. J'________ des chats. Ils ________ douze ans.
4. Et toi, tu ________ aussi des animaux?

## 8

55|6

Jouez à la marelle. | Spielt Himmel und Hölle. Malt mit Kreide die Felder auf euren Schulhof und übt das Verb *avoir*. Eine Vorlage findet ihr auf Seite 80.

## 9

61|7

**a** Être ou avoir? | In den Ferien hast du die Brüder Dabo kennen gelernt. Stelle sie vor. Vervollständige die Sätze. Setze *ils ont* (sie haben) oder *ils sont* (sie sind) ein. ▶ Repères, p. 59/3

1. Voilà les frères Dabo. ________________ de Marseille.
2. ________________ treize ans.
3. ________________ un chat.
4. ________________ sympa!

18

**b** Hör zu und überprüfe, ob du die richtige Verbform eingesetzt hast.

57|13 **10** Voilà ma famille. | Baptiste stellt seine Familie vor. Trenne die Wörter voneinander und schreibe den Text auf. Denke daran, die Akzente und Satzzeichen zu setzen.

JAIUNFREREILSAPPELLETOMILAQUINZEANSETVOILAMONCHATILESTSYMPA

______________________________________________

______________________________________________

## Apprendre à apprendre: le vocabulaire | Vokabeln lernen

56|8 **11 a** Du kennst schon einige Methoden, um dir Vokabeln besser zu merken. Hier lernst du das *calligramme* kennen. In einem *calligramme* werden Sätze so geschrieben, dass ein Bild entsteht.

**b** Gestalte ein *calligramme* zu deinem Lieblingstier.

**c** Vergleicht zu zweit eure *calligrammes* und besprecht, was euch an ihnen am besten gefällt.

**12 a** Schau dir diese Seite genau an und beantworte die Fragen.

1. Okapi ist
- ☐ eine Baseballkappe.
- ☐ eine Zeitschrift.
- ☐ ein Organizer.

2. Hier kannst du
- ☐ etwas abonnieren.
- ☐ dich für einen Kurs anmelden.
- ☐ an einem Preisausschreiben teilnehmen.

**b** **Fülle das Bestellformular aus.**

PRÉNOM

NOM

RUE/N°

CODE POSTAL　　VILLE

ÂGE　　TÉLÉPHONE

COLLÈGE

**1** Relie. | Verbinde die Formen, die zusammen passen. (Achtung: Es sind mehrere Antworten möglich.)

**1**

| | |
|---|---|
| un<br>une<br>la<br>des | librairie |

**2**

| | |
|---|---|
| Je<br>Tu<br>Elle<br>On | parle. |

**3**

| | |
|---|---|
| Qu'est-ce qu' | elle cherche?<br>tu as une sœur?<br>il y a à Levallois? |

**4**

| | |
|---|---|
| mon | animal<br>quartier<br>amies |

**5**

| | |
|---|---|
| Elle est | douze ans.<br>en sixième.<br>sympa. |

**6**

| | |
|---|---|
| J' | habite près de Passau.<br>ai des amis.<br>travaille. |

**2** **a** Trouve les verbes. | Die Verben in *-er:* Finde die neun Formen! Schreibe sie zu den passenden Personalpronomen.

| | | | | | | | | | | |
|---|---|---|---|---|---|---|---|---|---|---|
| B | A | H | I | P | C | B | X | R | U | M |
| T | R | A | V | A | I | L | L | E | N | T |
| U | E | B | S | R | X | P | E | N | P | G |
| J | G | I | L | L | A | U | S | T | A | H |
| K | A | T | U | E | N | N | T | R | S | I |
| O | R | E | C | H | A | N | T | E | S | V |
| G | D | Z | A | P | P | E | L | L | E | W |
| S | E | C | H | E | R | C | H | O | N | S |

elle regarde ______ je m' ______ on ______

vous ______ tu ______ elles ______

nous ______ il ______ on ______

**b** Complète. | Vervollständige die Sätze mit den Formen von **a**.

1. Ma sœur est au cinéma. Elle ___regarde___ «Avatar»!
2. Nous ______ un cybercafé près d'ici.
3. Super, ta chanson! Tu ______ bien!
4. On habite à Marseille, et vous, vous ______ où?
5. Je m'______ Lisa Neumann, et toi?
6. Mon cousin habite à Berlin. Il ______ bien allemand.
7. J'ai deux tantes. Elles ______ à Paris.
8. On ______ ensemble, mais on ______ par la médiathèque, d'accord?

## 1 Wortschatz

**Löse dieses Kreuzworträtsel.**

1. Il ? dans une librairie.
2. La fille de mes parents, c'est ma ? .
3. Un chat, c'est un ? .
4. Tu parles ? ?
5. Mon ? : 17, rue de Paris.
6. Laurine est la ? de Marie.
7. Le fils de mes parents, c'est mon ? .
8. Mon père et ma mère, ce sont mes ? .
9. Le père de Nicolas est prof de ? .
10. Robin a ? ans.

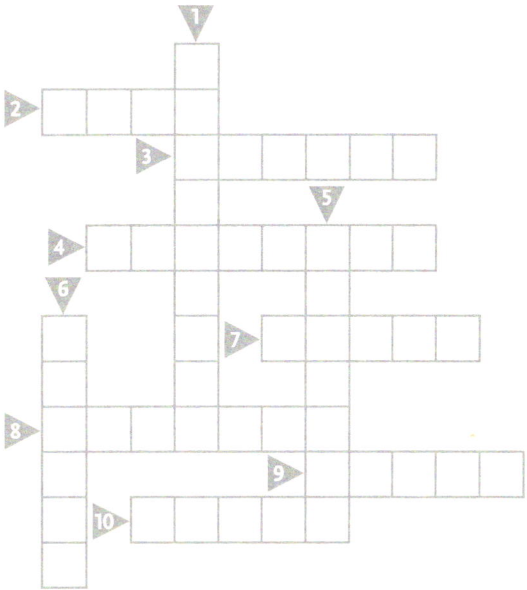

## 2 Die Possessivbegleiter

**Ben zeigt Mika Familienfotos. Vervollständige die Sätze mit dem passenden Possessivbegleiter.**

## 3 Die Verben *avoir* und *être*

**Vervollständige die Sätze mit der passenden Form von *avoir* oder *être*.**

1. – Tu ____________ des animaux?

   – Oui, j'____________ un chien et un chat. Et ils ____________ sympa.

2. – Tes frères et sœurs, ils ____________ quel âge?

   – Ma sœur ____________ douze ans et mon frère ____________ dix ans.

3. – Vous ____________ des copains à Paris?

   – Non, mais nous ____________ des copines à Levallois.

4. – Paul ____________ dans ta classe?

   – Oui, nous ____________ en cinquième B.

## 4 Die Zahlen bis 20

19

**Hör zu und schreibe das Alter als Zahl auf.**

1. Elle a ________ ans.
2. Nous avons ________ ans.
3. Ils ont ________ ans.
4. Elles ont ________ ans.
5. Vous avez ________ ans?
6. Tu as ________ ans?

## 5 Wie sagst du es auf Französisch?

**Erfrage folgende Informationen von einem/einer französischen Partner/in:**

1. wie er/sie heißt.

   ______________________________________________

2. wie alt er/sie ist.

   ______________________________________________

3. ob er/sie ein Haustier hat.

   ______________________________________________

4. ob er/sie einen Bruder oder eine Schwester hat.

   ______________________________________________



Die Lösungen findest du auf S. 75–76.

# MODULE C Les hobbys

**1** Écris ton poème. | Schreibe dieses Gedicht weiter! Du kannst dir Reime ausdenken oder die vorgegebenen verwenden.

L 67|2 67|4

J'aime bien ma cousine
J'aime beaucoup ma copine
J'aime les ordinateurs
Et j'adore ta sœur!
J'aime les jeux vidéo
Et j'aime aussi Margot!
Je n'aime pas le volley.
Moi, j'aime beaucoup Audrey!

le sport – Igor ____________________

les textos – les animaux ____________________

mon chat – Soha ____________________

Lulu – moi non plus ____________________

Akissi – moi aussi ____________________

**2** Qu'est-ce qu'ils aiment? | Was mögen sie? Schreibe die Sätze.

L 67|2 67|4

Lucie aime les ordinateurs, la danse et les animaux.

Paul ____________________

Flora ____________________

Enzo ____________________

Charlotte ____________________

Djamel ____________________

# Unité 5 Chez les Fournier

## Approches

70|2 **1** **a** Retrouve les mots. | Die Vokabelkärtchen sind hinter den Schrank gerutscht. Finde die Nomen wieder und schreibe sie mit dem unbestimmten Artikel auf. Schreibe männliche Nomen *blau*, weibliche *rot*.

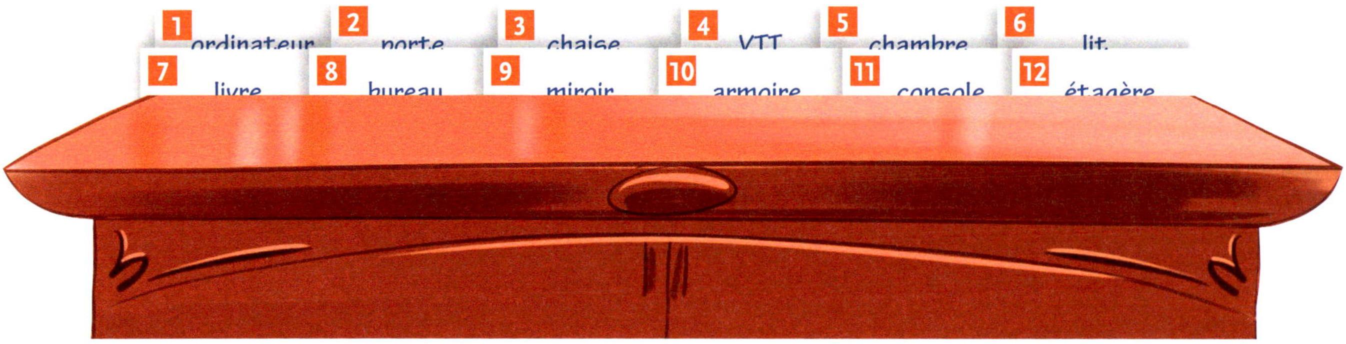


1. un ordinateur ______
2. ______
3. ______
4. ______
5. ______
6. ______
7. ______
8. ______
9. ______
10. ______
11. ______
12. ______

20 **b** Écoute, répète et corrige. | Hör dir die Wörter an, sprich sie nach und überprüfe, ob du sie bei **a** mit dem richtigen Artikel aufgeschrieben hast.

**2** **a** Où est Francis? | Wo ist Francis? Verbinde jedes Bild mit der passenden Präposition.
70|3

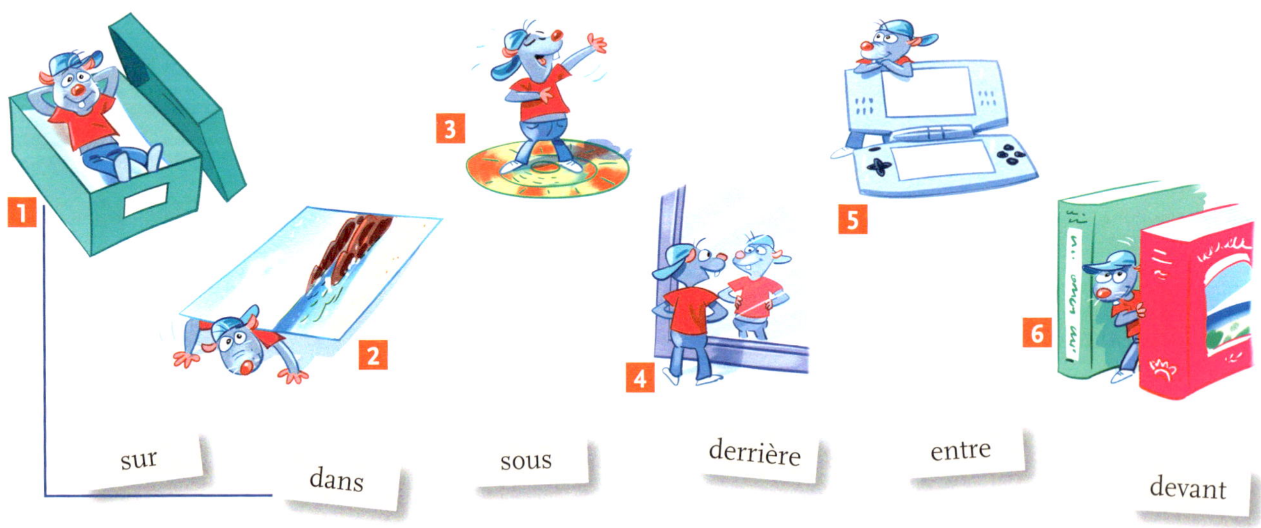


**b** Note. | Schreibe zu jedem Bild von **a** einen Satz.

1. Francis est dans la boîte. ______
2. Il est ______
3. ______
4. ______
5. ______
6. ______

**3** À gauche ou à droite? | Links oder rechts? Auf Océanes Schreibtisch herrscht Chaos. Schreibe auf, welche Dinge sich links und welche sich rechts befinden.

71|7

1. Le DVD est à gauche.
2. Les livres sont
3. 
4. 
5. 
6. 
7. 
8. 

**4** Décris la chambre de Mehdi. | Beschreibe Mehdis Zimmer.

Dans la chambre de Mehdi, le lit est à gauche. Sur le lit, il y a une bédé. Le chat

**5 a** **Dans ma chambre … | Du richtest dieses Zimmer ein (Tür und Fenster sind schon eingezeichnet). Zeichne folgende Dinge ein und beschrifte sie: ein Bett, einen Schrank, ein Regal, einen Schreibtisch, einen Stuhl und einen PC.**

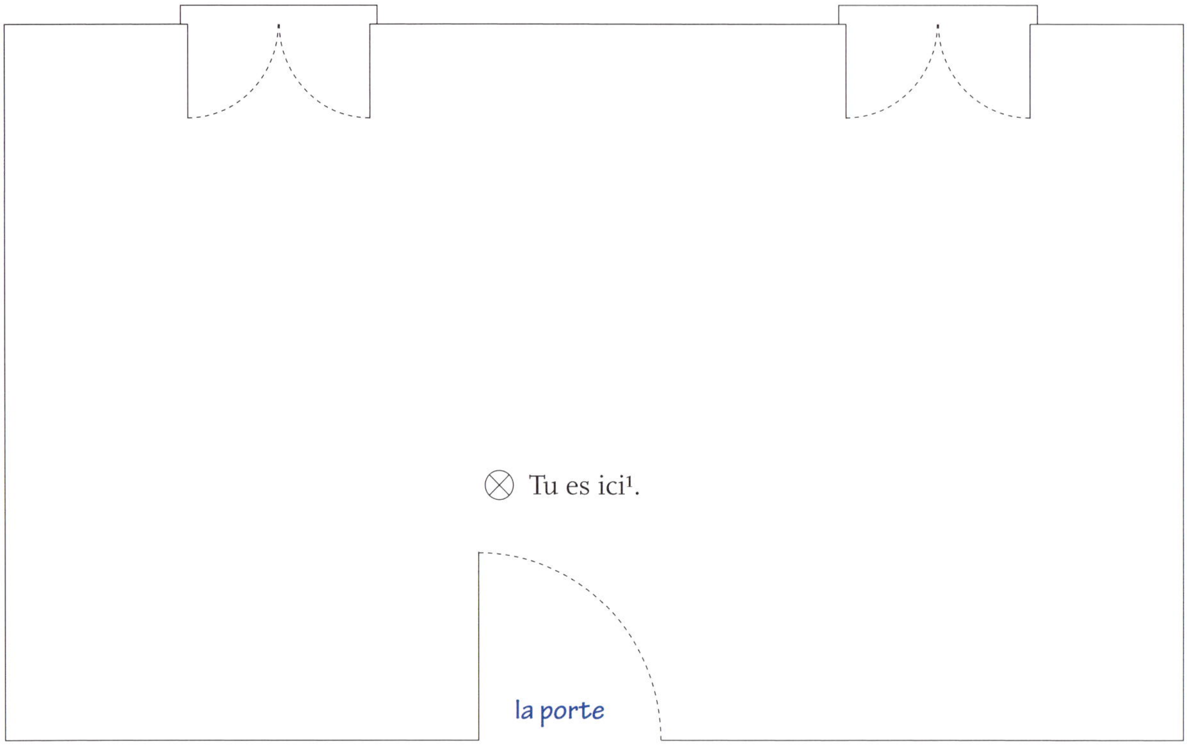


1 **Tu es ici.** [tyɛzisi] Du bist hier.

71|8

**b** **Décrivez vos chambres. | Setzt euch Rücken an Rücken. Beschreibt eure Zimmer. A beginnt. Zeichnet das Zimmer, das euch beschrieben wird, in den Umriss unten.**

**A:** Dans ma chambre, le lit est à gauche. Et dans ta chambre?
**B:** Dans ma chambre, le lit est ___ .

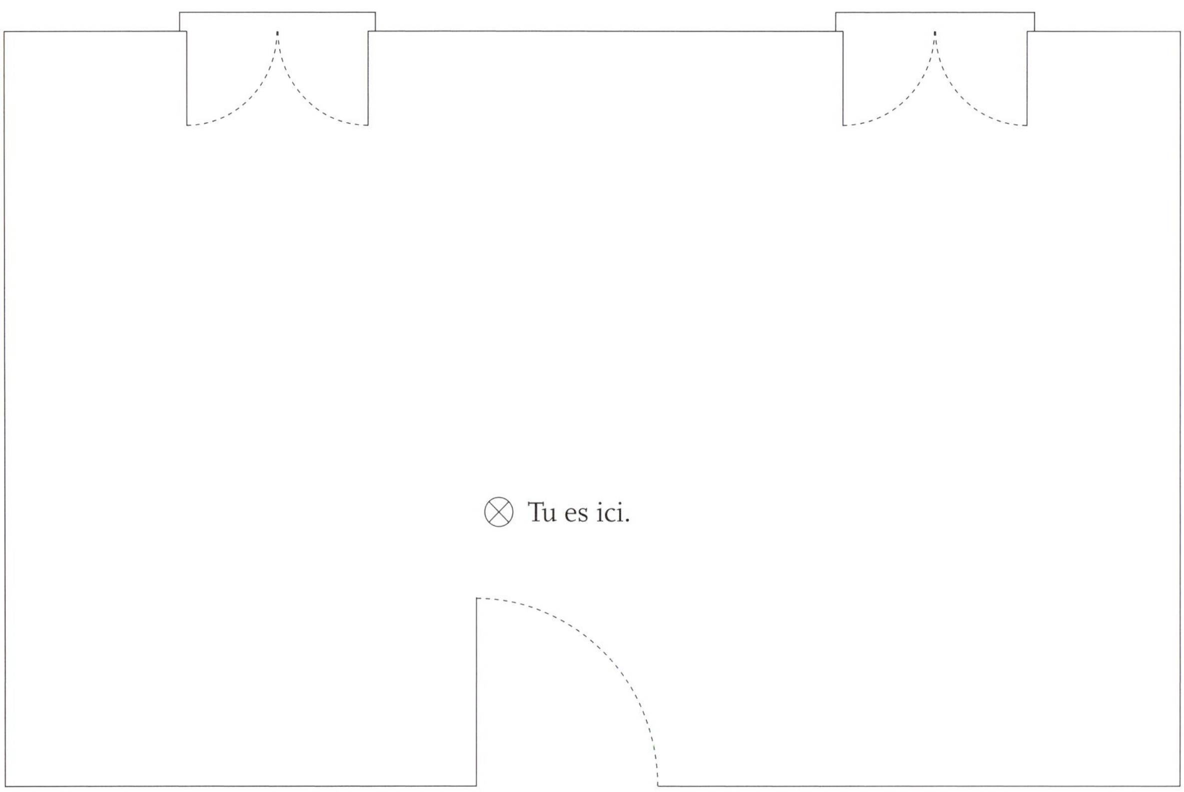


**c** **Vergleicht nun eure Ergebnisse gemeinsam.**

## Dialogue modèle

72|1 **1** **a** **Mets dans l'ordre.** | **Welches Bild passt zu welcher Szene. Bringe die Bilder in die richtige Reihenfolge.**

1. – Allô!
   – Nico, c'est moi! Écoute, je n'ai pas mon livre de français.
   – Tu m'énerves! O.K., j'écoute ... Où est ton livre?

2. – Je ne sais pas. Regarde sur mon bureau, s'il te plaît!
   – Alors, sur ton bureau, il y a ... des boîtes, ton lecteur mp3 et des photos.

3. – Zut! Et sur mon étagère?
   – Ben, il y a des DVD, des bédés, des CD et euh ... des boîtes!

4. – Nico, s'il te plaît, regarde bien!
   – Mais je regarde bien! Sur ton bureau, sous ton bureau, à côté, devant et derrière!

5. – Regarde encore dans le couloir, sur la table, s'il te plaît!
   – Ah, il est là, sous l'armoire!

6. – Merci! Tu es super!
   – O.K., à plus!

**b** **À vous!** | Spielt zu zweit. Verteilt die Rollen. A ist Océane, B ist Nicolas. Lernt eure Rollen auswendig und spielt diesen Dialog vor.

21
72|2

**2** Écoute et complète le dialogue. | Hör dir den Dialog an. Sprich die fehlenden Wörter zuerst nach. Dann schreibe sie auf.

Wo ist meine Spielkonsole?

– Où est ma console?

– Je ne sais pas. Regarde ______________________________.

– Sur le bureau, il y a mes CD.

– Alors, regarde ______________________________.

**3** Où est le navigo de Marie? | Die Monatskarte  ist gut versteckt. Kannst du sie finden? Kreuze den passenden Satz an.

☐ Le navigo est à droite de l'ordinateur, derrière la boîte.
☐ Le navigo est à gauche de l'ordinateur, à droite des livres.

☐ Le navigo est sur le lit, à côté du lecteur mp3.
☐ Le navigo est sous le lit, à gauche du lecteur mp3.

☐ Le navigo est sur l'armoire, à droite du sac de sport.
☐ Le navigo est dans le sac de sport, à côté de l'armoire.

**4** Trouve les mots. | Versuche mit den Buchstaben so viele Wörter zu bilden wie möglich. Wenn du Akzente brauchst, füge sie hinzu. Du kannst auch in der Wortliste in deinem Buch auf S. 112–133 nachschauen.

1. de, des, ta, sa, tes, ses, sac, parc, sport, porte, poster, sac de sport

2. ______________________________

3. ______________________________

4. ______________________________

5. ______________________________

6. ______________________________

75|2 **1** Qui est où? | Wer ist wo? Schau dir die Geschichte in deinem Buch auf S. 74 noch einmal an. Schreibe auf, wo die einzelnen Familienmitglieder an diesem Morgen sind.

**Madame Fournier** 1. Elle est dans la cuisine, elle est aussi dans ______________________

______________________

**Théo** 2. Il est dans ______________________

______________________

**Monsieur Fournier** 3. ______________________

**Laurine** 4. ______________________

**Maxime** 5. ______________________

**Camille** 6. ______________________

22 75|3 **2** **a** Écoute. | Hör zu und kreuze in der ersten oder in der zweiten Spalte an, ob du [ʒ] oder [g] hörst.

| Ich höre [ʒ]. | Ich höre [g]. | Ich schreibe … |
| --- | --- | --- |
| ☐ | ☐ | 1. la boulan_____rie |
| ☐ | ☐ | 2. le navi_____ |
| ☐ | ☐ | 3. la _____rafe |
| ☐ | ☐ | 4. le _____rçon |
| ☐ | ☐ | 5. nous man_____ons |
| ☐ | ☐ | 6. _____stave |
| ☐ | ☐ | 7. re_____rdez |

Hörst du [ʒ] wie in *Garage*, dann schreibe ***-ge-*** oder ***-gi-***. Hörst du [g] wie in *Garage*, dann schreibe ***-ga-*** oder ***-go-*** oder ***-gu-***.

**b** Complète. | Ergänze die fehlenden Buchstaben in der dritten Spalte.

75|4 **3** Retrouve les noms. | Finde die Nomen wieder und schreibe sie mit dem bestimmten Artikel auf.

1. nolas
2. enisiuc
3. rioluoc
4. tnemetrappa
5. sniab ed ellas
6. erbmahc

1. le salon ______________________
2. ______________________
3. ______________________
4. ______________________
5. ______________________
6. ______________________

**4 a** Écris. | Vervollständige den Wohnungsgrundriss. Schreibe den jeweiligen Namen in das richtige Zimmer!

L 77|9

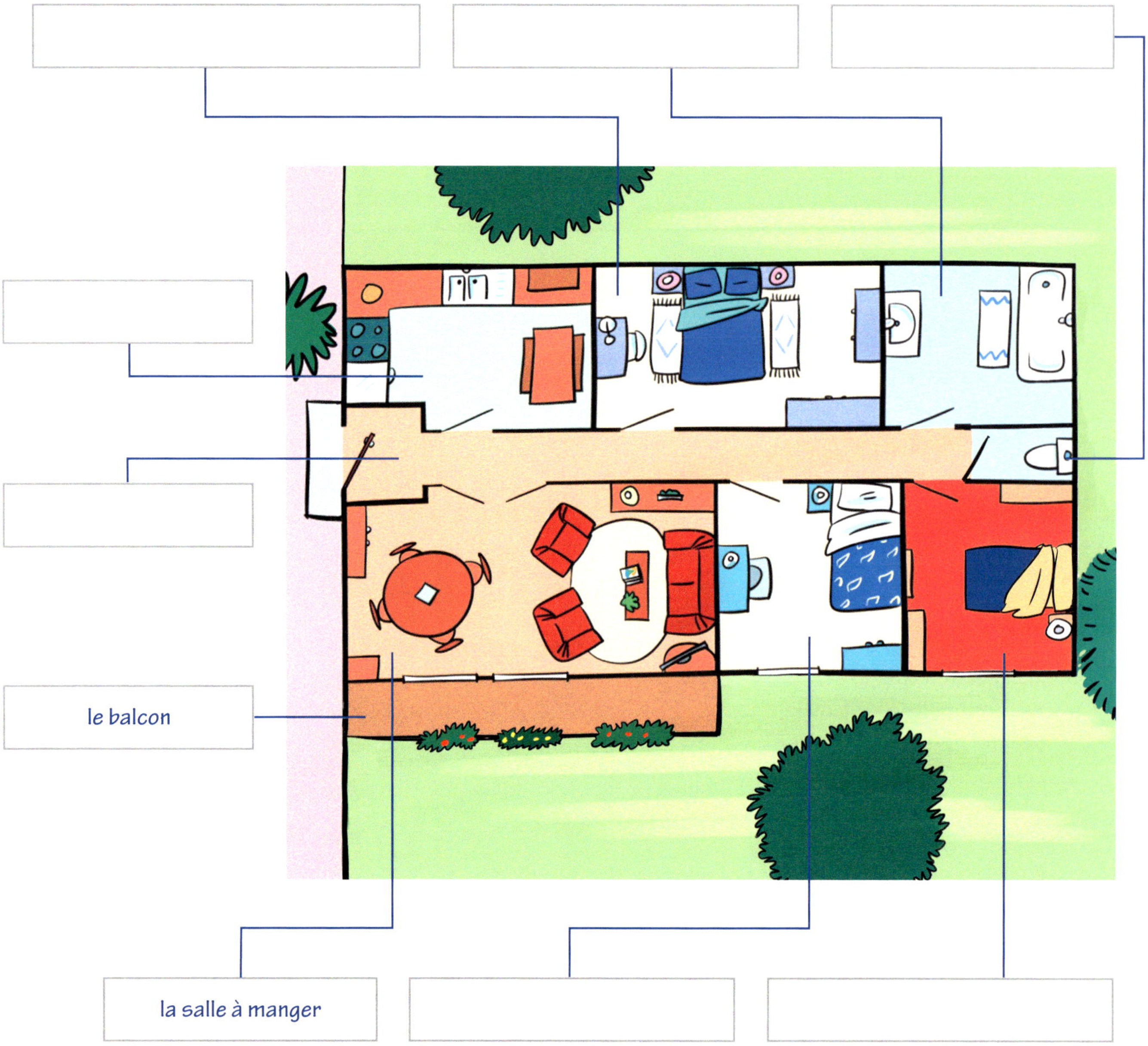


**b** Was bedeuten wohl *le balcon* und *la salle à manger*?

______________________________________________

______________________________________________

**c** Du bist mit einem französischen Freund im Wohnzimmer. Erkläre ihm, wo
- die Küche (1)
- das Bad (2) und
- das Zimmer deiner Eltern (3) sind.

1. ______________________________________________

2. ______________________________________________

3. ______________________________________________

## 5 Robin range sa chambre. | Robin räumt sein Zimmer auf und verkauft auf dem Flohmarkt alles, was er nicht mehr braucht. Vervollständige die Sätze. Verwende *du*, *de la*, *de l'* oder *des*.

80|1

▶ Repères, p. 79/2

1. L'ordinateur est à droite des livres ______.
2. La console est à droite ______.
3. Les livres sont à droite ______.
4. Le lecteur mp3 est à droite ______.
5. Les mangas sont à gauche ______.
6. La boîte est à droite ______.
7. Les mangas sont à droite ______.
8. L'étagère est à droite ______.
9. L'ordinateur est à gauche ______.

## 6

80|1

Travaillez à deux.
Faites le tandem, p. 68.

## 7 a Écoute. | Hör dir an, welche Arbeitsanweisungen die Lehrerin ihren Schülern gibt, und schreibe sie jeweils unter das Bild. ▶ Repères, p. 79/3

23

81|6

______ ______ ______ ______ ▶

b Nun spricht die Lehrerin nur Maxime an. Wie lauten ihre Aufforderungen? Schreibe sie auf.
▶ Repères, p. 79/3

1. ______ 2. ______ 3. ______ 4. ______

24

c Écoute et corrige. | Hör dir an, was die Lehrerin zu Maxime sagt. Überprüfe, ob du die Aufforderungen in b richtig gebildet hast.

**8** Ta pancarte de porte. | Gehe auf die Pappseite D deines Carnet und bastle dir ein Türschild für dein Zimmer.

## Apprendre à apprendre: le vocabulaire | Vokabeln lernen

L ▶ 76|6 **9** Um dir besser zu merken, ob Wörter männlich oder weiblich sind, kannst du zwei Bilder zeichnen. In dem einen stellst du nur Dinge dar, die im Französischen männlich sind und in dem anderen solche, die weiblich sind.

a Zeichne ein Bild von Lucs Zimmer mit mindestens sechs Gegenständen, deren Bezeichnungen männlich sind.

La chambre de Luc

b Zeichne mindestens sechs Gegenstände in Lucies Zimmer, deren Bezeichnungen weiblich sind. Beschrifte sie. ▶ Liste des mots, p. 130–134

La chambre de Lucie

**10** Fais le test. Quel est ton résultat? | Mach den Test. Was erfährst du über dich?

# Ta chambre est le miroir de ta personnalité!

## Tu es dans ta chambre:

A Tu écoutes un CD sur ton lit et tu regardes par la fenêtre[1].
B Tu téléphones ou tu chattes avec tes copains.
C Tu fais tes devoirs[2].
D Tu ranges ton bureau et tu fais[3] ton lit.

## Tu cherches ton sac de sport. Il est …

A … sous le bureau, à côté du lit ou[4] derrière la porte.
B … chez un/e ami/e.
C … à la médiathèque!
D … dans l'armoire, comme toujours!

## C'est important pour toi[5]:

A Les photos et ton lit.
B Le téléphone et Internet.
C Ton bureau, l'ordinateur et les livres.
D Ton armoire, les boîtes et les sacs.

## La phrase[6] de tes parents, c'est:

A «Travaille et range ta chambre!»
B «Tes amis sont encore[7] là?»
C «Bravo pour tes notes!»
D «Où est l'aspirateur[8]?»

**Tu as un maximum de A:**
Tu rêves[9] souvent et ta chambre est ton univers.

**Tu as un maximum de B:**
Les copains, c'est très important pour toi.

**Tu as un maximum de C:**
Ton univers, c'est le collège, pas ta chambre.

**Tu as un maximum de D:**
Tu ranges, tu ranges, rêve un peu!

1 **par la fenêtre** aus dem Fenster
2 **Tu fais tes devoirs.** Du machst deine Hausaufgaben.
3 **tu fais** du machst
4 **ou** oder
5 **C'est important pour toi.** Das ist wichtig für dich.
6 **la phrase** der Satz
7 **encore** *hier:* immer noch
8 **l'aspirateur** *m.* der Staubsauger
9 **rêver** träumen

**1** **Wähle die passende Form. Kreise sie ein.**

1. Je suis / es / est dans le salon.
2. Tu es dans ton / ta / tes chambre?
3. Laurine cherche un / une / des photos de Levallois.
4. Maxime cherche / cherches / cherchent sa console.
5. Où est le / la / l' ordinateur de Nicolas?
6. Océane ai / as / a un poster d'Avril Lavigne.

**2** **Qu'est-ce que c'est? | Finde heraus, um welche Gegenstände es geht.**

1. Il est sur la porte: le poster ________________.
2. Elles sont sous le lit: ________________.
3. Il est sur la table: ________________.
4. Ils sont sur le bureau: ________________.
5. Elle est à gauche du bureau: ________________.
6. Il est devant la fenêtre: ________________.
7. Elle est à côté du lit: ________________.
8. Il est sur l'armoire: ________________.
9. Elle est devant le bureau: ________________.
10. Elle est à côté de la porte: ________________.

## 1 Wortschatz

Où est Laurine? | Schreibe auf, in welchen Zimmern Laurine ist.

1. Laurine est dans le couloir.
2. ______________________________
3. ______________________________
4. ______________________________
5. ______________________________

## 2 Die Präpositionen des Ortes

Où est la perruche? | Schreibe auf, wo der Wellensittich ist.

1. Elle est ______________________________
2. ______________________________
3. ______________________________
4. ______________________________
5. ______________________________
6. ______________________________

## 3 Der zusammengezogene Artikel mit der Präposition *de*

**Où est le chien? | Nicolas' Hund Confetti will nach draußen. Alle paar Minuten setzt er sich woanders hin. Schreibe auf, ob der Hund rechts oder links von den Gegenständen ist.**

1

2

3

4

5

6

1. *Confetti est à droite de l'armoire.*
2. ______________________________
3. ______________________________
4. ______________________________
5. ______________________________
6. ______________________________

## 4 Der Imperativ

**Traduis. | Übersetze die Aufforderungen.**

| | |
|---|---|
| 1. Sprecht Französisch! | 1. ______________________ |
| 2. Räume deinen Schreibtisch auf! | 2. ______________________ |
| 3. Hör mal! | 3. ______________________ |
| 4. Schaut mal! | 4. ______________________ |
| 5. Iss dein Butterbrot! | 5. ______________________ |
| 6. Arbeitet gemeinsam! | 6. ______________________ |

## 5 Wie sagst du es auf Französisch?

**Relie. | Verbinde.**

| | | | |
|---|---|---|---|
| Ich sage, wann jemand Unterricht hat. | 1 | a | Je cherche mon sac. |
| Ich frage, wo jemand ist. | 2 | b | Où sont Océane et Thomas? |
| Ich bitte jemanden zuzuhören. | 3 | c | Elle a cours à dix heures. |
| Ich frage, wer im Bad ist. | 4 | d | Écoute. |
| Ich sage, dass ich meine Tasche suche. | 5 | e | Dépêche-toi. |
| Ich bitte jemanden, sich zu beeilen. | 6 | f | Qui est dans la salle de bains? |


Die Lösungen findest du auf S. 76–77.

# MODULE D Les magasins

**1** **a** **Trouve le mot.** | Sieh dir die Fotos an und schreibe die richtige Bezeichnung unter jedes Bild. Die richtige Anordnung der markierten Buchstaben ergibt ein Wort!

la pharmacie
la boulangerie
le restaurant
la poste
le bureau de tabac
la librairie
le supermarché

1 

2 

3 

4 

5 

6 

7 

Lösungswort: le ______________________

**b** **Was bedeuten wohl a)** *la pharmacie,* **b)** *la poste* **und c)** *le supermarché*?

**2** **Écris.** | Knacke den Code! Schreibe beide Botschaften in dein Heft!

**1**

**2**

**3** **Retrouve l'ordre du dialogue.** | Stelle einen sinnvollen Dialog her. Nummeriere die Kästchen von 1–7.

L 86|3

- ☐ – Et avec ça?
- ☐ – Alors, ça fait 5 euros 20, s'il vous plaît.
- ☐ – Voilà! Au revoir!
- ☐ – Bonjour! Je voudrais une baguette et deux croissants, s'il vous plaît!
- ☐ – Merci, c'est tout. Ça fait combien?
- ☐ – Merci! Au revoir, Madame!
- ☐ – Bonjour, Madame!

# MODULE E À table

87|2 **1** **Qui parle? | Wer sagt was? Finde die richtige Reihenfolge und schreibe die passenden Sätze unter die Bilder!**

1. – À table!
2. – Miam! Ça sent bon! Qu'est-ce que c'est?
3. – Servez-vous! Bon appétit!
4. – Lili, tu me passes la salade, s'il te plaît?
5. – Excusez-moi, je suis en retard ...
6. – C'est qui?

**2** **Qu'est-ce qu'on dit? | Kreuze den passenden Ausdruck an.**

1. Reichst du mir das Baguettebrot, bitte?
   - Tu passes la baguette, s'il te plaît? ☐
   - Tu me passes la baguette, s'il vous plaît? ☐
   - Tu me passes la baguette, s'il te plaît? ☐
2. Das riecht gut!
   - C'est bon! ☐
   - Ça sent bon! ☐
   - Ça sent bien! ☐
3. Bedient euch, Kinder!
   - Servez-vous, les enfants! ☐
   - Servez-vous, enfants! ☐
   - Servez les enfants! ☐
4. Entschuldigt, ich bin zu spät.
   - Excusez, je suis en retard. ☐
   - Excusez-moi, je suis tard. ☐
   - Excusez-moi, je suis en retard. ☐

87|3 **3** **Lis le texto. | Kannst du diese SMS lesen? Schreibe sie korrekt auf. Du kannst in deinem Buch auf Seite 87 nachsehen.**

PRÉPARATION AU DELF

## Compréhension écrite | Leseverstehen

DELF **1** L'après-midi de Nico. | Nico kommt am Nachmittag aus der Schule und findet einen Zettel von seiner Mutter. Auch wenn er viele dir unbekannte Wörter enthält, kannst du herausfinden, was Nicolas alles erledigen soll. Lies den Zettel und nummeriere die Bilder in der Reihenfolge, in der Nicos Aufgaben genannt werden.

Nico,

Je suis à la librairie jusqu'à 9 heures, ce soir. Range ta chambre, s'il te plaît. Rapporte tes livres à la médiathèque. N'oublie pas d'aller au parc avec le chien. Sur mon bureau, il y a 10 euros. Passe à la boulangerie et achète deux baguettes et deux croissants.

Merci, Maman

## Production écrite | Schriftlicher Ausdruck

DELF **2** Écris à Adrien. | In der Jugendherberge findest du am schwarzen Brett diesen Zettel von Adrien. Antworte ihm und stelle dich vor.

Bonjour,

Je m'appelle Adrien et je cherche des copains. J'ai douze ans. J'habite en France, près de Brest. Je suis en sixième.
J'ai une sœur et un frère et j'ai aussi un chien. Il s'appelle Ténor. Et toi?

À plus! Adrien

## Compréhension orale | Hörverstehen

25 **3** DELF

Anissa ist unterwegs und hört mehrere Durchsagen. Schau dir die Fotos an und hör zu. Finde heraus, wo sie aufgenommen wurden. Trage die Nummer jeweils beim passenden Foto ein. Ein Foto bleibt übrig.

## Production orale | Mündlicher Ausdruck

**4** DELF

**a** Du kommst mit deiner Familie in einer Jugendherberge in Frankreich an, in der ihr ein Zimmer reserviert habt. Du meldest euch an der Rezeption an. Arbeitet zu zweit. Bereitet den Dialog vor.

**Die Person am Empfang fragt dich,**
- ob du Französisch sprichst;
- wie du heißt;
- wie alt du bist;
- wo du wohnst.

**Du sagst,**
- dass du ein bisschen Französisch sprichst;
- wie du heißt;
- wie alt du bist;
- wo du wohnst.

**Du fragst,**
- wo das Zimmer ist;
- ob vier Betten im Zimmer sind;
- wo die Küche ist;
- ob es ein Internetcafé gibt.

**Du erfährst,**
- dass das Zimmer rechts ist;
- dass sechs Betten im Zimmer sind;
- dass die Küche links ist;
- dass das Internetcafé neben der Küche ist.

**b** Übt das Gespräch zu zweit. Vergesst nicht, euch zu begrüßen und euch am Schluss zu bedanken und zu verabschieden.

# Annexe

## Tandem Unité 2 / Texte

Faltet das Blatt in der Mitte. **A** beginnt.
Wechselt nach einem Durchgang die Rollen.

**Mit diesem Tandembogen übt ihr, wie man nach einer Person fragt und wie man sich und andere vorstellt. Dabei verwendet ihr die Formen von *être*.** ▶ **Repères, p. 21/1, 2**

**A**

1. **A:** Le garçon, c'est qui?
   (**B:** C'est Mehdi.)

2. (**B:** La fille et le garçon, c'est qui?)
   **A:** Ce sont  

3. **A:** C'est Thomas?
   (**B:** Oui. Il est dans la classe de Maxime.)

4. (**B:** Le garçon, c'est Maxime?)
   **A:** Oui. Maxime ? le frère de Laurine.

5. **A:** La fille, c'est Océane?
   (**B:** Oui, Océane est la sœur de Nicolas.)

6. (**B:** Moi, c'est Anissa et voilà Maxime.)
   **A:** Vous ? dans la classe de Thomas?

7. **A:** Ce sont Océane et Thomas?
   (**B:** Oui. Ils sont en cinquième B.)

8. (**B:** Marie et Laurine, vous êtes en sixième B?)
   **A:** Non, nous ? en sixième A.

9. **A:** Robin, tu es en sixième A?
   (**B:** Non, je suis en sixième B.)

**B**

1. (**A:** Le garçon, c'est qui?)
   **B:** C'est 

2. **B:** La fille et le garçon, c'est qui?
   (**A:** Ce sont Marie et Robin.)

3. (**A:** C'est Thomas?)
   **B:** Oui. Il ? dans la classe de Maxime.

4. **B:** Le garçon, c'est Maxime?
   (**A:** Oui. Maxime est le frère de Laurine.)

5. (**A:** La fille, c'est Océane?)
   **B:** Oui, Océane ? la sœur de Nicolas.

6. **B:** Moi, c'est Anissa et voilà Maxime.
   (**A:** Vous êtes dans la classe de Thomas?)

7. (**A:** Ce sont Océane et Thomas?)
   **B:** Oui. Ils ? en cinquième B.

8. **B:** Marie et Laurine, vous êtes en sixième B?
   (**A:** Non, nous sommes en sixième A.)

9. (**A:** Robin, tu es en sixième A?)
   **B:** Non, je ? en sixième B.

Mit diesem Tandembogen übt ihr zu sagen, was es in eurem Wohnviertel gibt. ▶ Liste des mots, p. 116–120

**A**

1. **A:** Qu'est-ce qu'il y a dans le quartier d'Océane?

   (**B:** Il y a deux boulangeries.)

2. (**B:** Qu'est-ce qu'il y a dans le quartier de Robin?)

   **A:** Il y a 

3. **A:** Qu'est-ce qu'il y a dans le quartier d'Anissa?

   (**B:** Il y a deux collèges et un parc.)

4. (**B:** Qu'est-ce qu'il y a dans le quartier de Thomas?)

   **A:** Il y a 

5. **A:** Qu'est-ce qu'il y a dans le quartier de Marie?

   (**B:** Il y a trois cybercafés.)

6. (**B:** Qu'est-ce qu'il y a dans le quartier de Madame Pennac?)

   **A:** Il y a 

7. **A:** Qu'est-ce qu'il y a dans le quartier de Fabrice?

   (**B:** Il y a un roller parc et une médiathèque.)

**B**

1. (**A:** Qu'est-ce qu'il y a dans le quartier d'Océane?)

   **B:** Il y a 

2. **B:** Qu'est-ce qu'il y a dans le quartier de Robin?

   (**A:** Il y a trois cinémas.)

3. (**A:** Qu'est-ce qu'il y a dans le quartier d'Anissa?)

   **B:** Il y a 

4. **B:** Qu'est-ce qu'il y a dans le quartier de Thomas?

   (**A:** Il y a cinq tours et deux supermarchés.)

5. (**A:** Qu'est-ce qu'il y a dans le quartier de Marie?)

   **B:** Il y a 

6. **B:** Qu'est-ce qu'il y a dans le quartier de Madame Pennac?

   (**A:** Il y a deux librairies et un hôtel.)

7. (**A:** Qu'est-ce qu'il y a dans le quartier de Fabrice?)

   **B:** Il y a 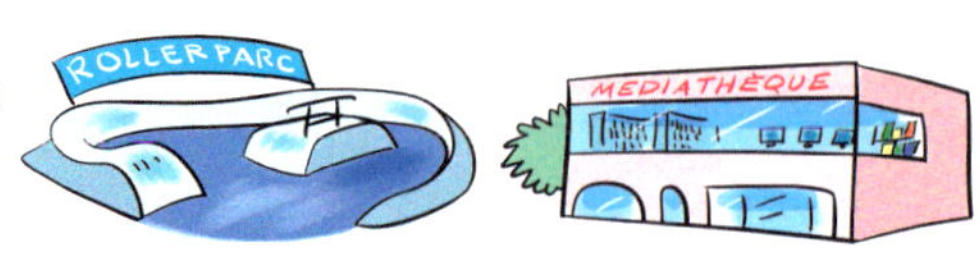

Mit diesem Tandembogen übt ihr, wie man nach jemandem fragt und wie man Familienmitglieder und Haustiere benennt. Dafür verwendet ihr die Possessivbegleiter *son*, *sa*, *ses*. ▶ Repères, p. 59/1, 2

**A**

1. **A:** C'est qui?
   (**B:** C'est Paul avec son cochon d'Inde.)

2. (**B:** C'est qui?)
   **A:** C'est Pauline avec ? **chien**.

3. **A:** Paul est avec qui?
   (**B:** Il est avec sa cousine.)

4. (**B:** C'est le frère de Lola?)
   **A:** Non, c'est ? **cousin**.

5. **A:** Ce sont les parents de Maxime?
   (**B:** Non, ce sont ses grands-parents.)

6. (**B:** Qu'est-ce que Robin cherche?)
   **A:** Il cherche ? **perruche**.

7. **A:** C'est Nora?
   (**B:** Oui, elle est avec son oncle et sa tante.)

8. (**B:** C'est qui?)
   **A:** C'est mon cousin avec ? **mère**.

9. **A:** C'est Valentin?
   (**B:** Non, c'est son frère.)

10. (**B:** Rémi est avec qui?)
    **A:** Il est avec ? **amie**.

11. **A:** C'est le copain de Claire?
    (**B:** Non, c'est son cousin.)

12. (**B:** Ce sont les copines de Théo?)
    **A:** Non, ce sont ? **cousines**.

13. **A:** C'est Kathy?
    (**B:** Oui, elle est avec son ami et sa perruche.)

**B**

1. (**A:** C'est qui?)
   **B:** C'est Paul avec ? **cochon d'Inde**.

2. **B:** C'est qui?
   (**A:** C'est Pauline avec son chien.)

3. (**A:** Paul est avec qui?)
   **B:** Il est avec ? **cousine**.

4. **B:** C'est le frère de Lola?
   (**A:** Non, c'est son cousin.)

5. (**A:** Ce sont les parents de Maxime?)
   **B:** Non, ce sont ? **grands-parents**.

6. **B:** Qu'est-ce que Robin cherche?
   (**A:** Il cherche sa perruche.)

7. (**A:** C'est Nora?)
   **B:** Oui, elle est avec ? **oncle** et ? **tante**.

8. **B:** C'est qui?
   (**A:** C'est mon cousin avec sa mère.)

9. (**A:** C'est Valentin?)
   **B:** Non, c'est ? **frère**.

10. **B:** Rémi est avec qui?
    (**A:** Il est avec son amie.)

11. (**A:** C'est le copain de Claire?)
    **B:** Non, c'est ? **cousin**.

12. **B:** Ce sont les copines de Théo?
    (**A:** Non, ce sont ses cousines.)

13. (**A:** C'est Kathy?)
    **B:** Oui, elle est avec ? **ami** et ? **perruche**.

Mit diesem Tandembogen übt ihr anzugeben, wo sich ein Gegenstand befindet. Dafür verwendet ihr Präpositionen und den zusammengezogenen Artikel mit *de*. ▶ Repères, p. 79/1, 2

## A

1. **A:** Où est le bureau?
   (**B:** Il est à gauche du lit.)

2. (**B:** Où est le lecteur mp3?)
   **A:** Il est 

3. **A:** Où est la chaise?
   (**B:** Elle est à droite de la porte.)

4. (**B:** Où est le lit?)
   **A:** Il est 

5. **A:** Où est le poster?
   (**B:** Il est derrière la porte.)

6. (**B:** Où est le miroir?)
   **A:** Il est 

7. **A:** Où sont les mangas?
   (**B:** Ils sont dans l'armoire.)

8. (**B:** Où sont les photos?)
   **A:** Elles sont 

9. **A:** Où sont les livres?
   (**B:** Ils sont sur la chaise.)

## B

1. (**A:** Où est le bureau?)
   **B:** Il est 

2. **B:** Où est le lecteur mp3?
   (**A:** Il est devant l'ordinateur.)

3. (**A:** Où est la chaise?)
   **B:** Elle est 

4. **B:** Où est le lit?
   (**A:** Il est entre l'armoire et l'étagère.)

5. (**A:** Où est le poster?)
   **B:** Il est 

6. **B:** Où est le miroir?
   (**A:** Il est sous le DVD.)

7. (**A:** Où sont les mangas?)
   **B:** Ils sont 

8. **B:** Où sont les photos?
   (**A:** Elles sont dans le sac.)

9. (**A:** Où sont les livres?)
   **B:** Ils sont 

## Mon premier portfolio de français

Mit deinem *premier portfolio de français* kannst du deine Französischkenntnisse in den Bereichen Hören, Sprechen, Lesen, Schreiben und Landeskunde feststellen und deine Fortschritte im Laufe des Jahres selbstständig überprüfen. Schlage dazu das Portfolio jedes Mal auf, wenn du die Doppelseite *Fais le point!* am Ende einer Unité gelöst hast, und gehe die einzelnen Kreise auf der nächsten Seite durch. (▶ Eiffelturm)

Nom, prénom ______________________________

Date de naissance ______________

Adresse ______________________________

______________________________

Nom de mon école ______________________________

Adresse de mon école ______________________________

______________________________

Classe ______________ Année scolaire 20______ – 20______

Nom de mon/ma prof de français ______________________________

Dans ma famille, on parle

______________________________

Avec mes amis, je parle

______________________________

Sprachen, die ich in der Grundschule gelernt habe

______________________________

Was ich über Frankreich weiß

______________________________

______________________________

______________________________

______________________________

______________________________

______________________________

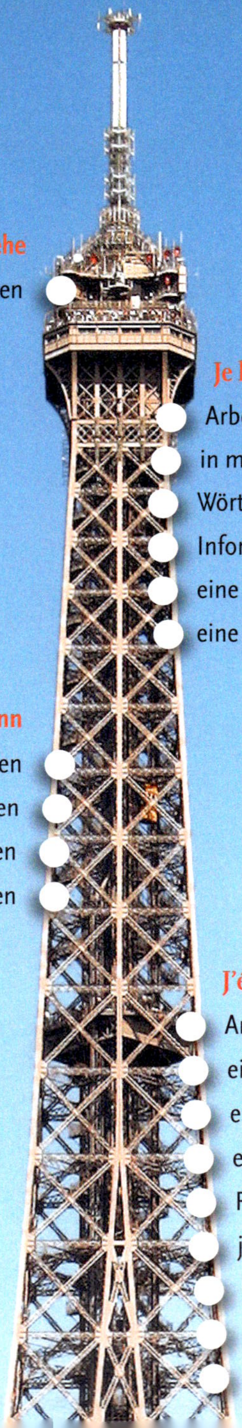

**Je regarde et je comprends | Ich sehe und ich verstehe**

- kurze französische Filmsequenzen

**Je lis et je sais | Ich lese und ich kann**

- Arbeitsanweisungen in meinem Buch und meinem Arbeitsheft verstehen
- in meinem Buch etwas nachschlagen
- Wörter und kurze Sätze auf Plakaten oder in Zeitschriften verstehen
- Informationen auf französischen Internetseiten verstehen
- eine E-Mail verstehen
- eine SMS verstehen

**J'écris et je sais | Ich schreibe und ich kann**

- das französische Alphabet mit den Sonderzeichen
- eine E-Mail schreiben
- meinen Namen und meine Adresse auf einen Coupon eintragen
- eine SMS schreiben

**J'écoute et je sais | Ich höre und ich kann**

- Arbeitsanweisungen verstehen
- einen kurzen Dialog verstehen
- einfache Lieder und Gedichte verstehen
- einfache Sätze und Fragen im Französischunterricht verstehen
- Fragen über mich / meine Familie / meine Freunde verstehen
- jemanden verstehen, der über seine Interessen spricht und mich nach meinen fragt
- eine Durchsage verstehen
- Adressen und einige Preise verstehen
- ein kurzes Tischgespräch verstehen

## Je parle et je sais | Ich spreche und ich kann

- jemanden begrüßen
- mich verabschieden
- sagen, wie es mir geht, und jemanden danach fragen
- über das Wetter sprechen
- meinen Namen und Wohnort nennen und jemanden danach fragen
- mich mit jemandem verabreden
- einfache Wege beschreiben
- an einfachen Gesprächen im Französischunterricht teilnehmen
- mich und meine Familie vorstellen
- einfache Lieder und Gedichte vortragen
- über Hobbys und Interessen sprechen und jemanden danach fragen
- über mein Zimmer und meine Wohnung sprechen
- das Wichtigste französischer/deutscher Äußerungen auf Deutsch/Französisch wiedergeben
- ein kurzes Einkaufsgespräch führen
- ein kurzes Tischgespräch führen

## La France et les Français | Frankreich und die Franzosen

- Ich kenne einige französische Städte.
- Ich kann fragen, wo sich eine Stadt, ein Dorf, ein Viertel befindet.
- Ich weiß einiges über Paris und über Levallois.
- Ich kenne die Namen einiger französischer Persönlichkeiten und weiß, warum sie bekannt sind.
- Ich weiß etwas über die Schule in Frankreich.

## Mon premier portfolio de français

Hier kannst du selbst überprüfen, was du in deinem ersten Jahr Französisch gelernt hast.
Jede Etage des Eiffelturms steht für eine Fertigkeit: Hören, Sprechen, Lesen, Schreiben, Wissen.
Gehe jede einzelne Etage durch.
Wenn du etwas noch nicht so gut kannst, dann male den entsprechenden Kreis rot an.
Wenn du etwas sehr gut kannst, male den entsprechenden Kreis grün an.

# LÖSUNGEN FAIS LE POINT!

**Setze hinter jede richtige Lösung ein Häkchen. Male für jedes Häkchen ein Tortenstück aus. Für jedes ausgemalte Tortenstück gibt es einen Punkt. Schreibe auf, wie viele Punkte du erreicht hast.**

## Unité **2**, p. 17

**1**

| | | | |
|---|---|---|---|
| 1. la fille ☐ | 4. les garçons ☐ | 7. l'élève ☐ | 10. les frères ☐ |
| 2. les filles ☐ | 5. la classe ☐ | 8. les élèves ☐ | 11. la sœur ☐ |
| 3. le garçon ☐ | 6. les classes ☐ | 9. le frère ☐ | 12. les sœurs ☐ |

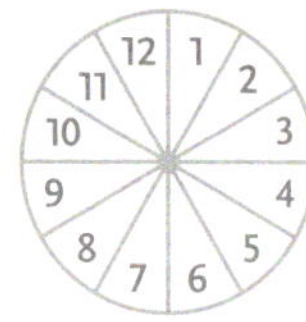


____/12 PUNKTE

○ 0–5 PUNKTE
Wenn du jeden Tag fünf Minuten die Vokabeln übst, wirst du sie besser behalten.
Fang gleich damit an und löse die Förderübung in der Beilage, S. 2/**1**A.

◉ 6–10 PUNKTE
Das kannst du noch besser!
Löse die Förderübung in der Beilage, S. 2/**1**B.

● 11–12 PUNKTE
Spitze!
Löse die Zusatzübung in der Beilage, S. 2/**1**C.

**2**

1. vous êtes / ~~tu es~~ ☐
2. ~~nous sommes~~ / je suis ☐
3. ~~ils sont~~ / nous sommes ☐
4. ~~il est~~ / je suis ☐
5. ~~elles sont~~ / ils sont ☐

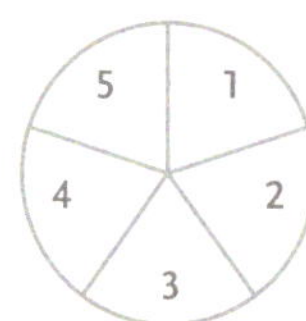


____/5 PUNKTE

○ 0–2 PUNKTE
Die Formen des Verbs *être* musst du im Schlaf können. Lerne sie auswendig.
Löse die Förderübung in der Beilage, S. 2/**2**A.

◉ 3–4 PUNKTE
Die Formen des Verbs *être* musst du dir fest einprägen.
Löse die Förderübung in der Beilage, S. 3/**2**B.

● 5 PUNKTE
Super!
Löse die Zusatzübung in der Beilage, S. 3/**2**C.

**3**

1 → e ☐ 2 → b ☐ 3 → d ☐ 4 → c ☐ 5 → f ☐ 6 → a ☐

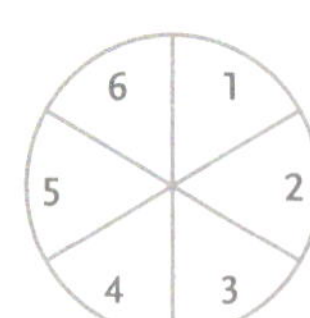


____/6 PUNKTE

○ 0–2 PUNKTE
Aller Anfang ist schwer! Lass dich nicht entmutigen.
Löse die Förderübung in der Beilage, S. 3/**3**A.

◉ 3–5 PUNKTE
Du kannst dich noch verbessern.
Löse die Förderübung in der Beilage, S. 3/**3**B.

● 6 PUNKTE
Toll! Löse die Zusatzübung in der Beilage, S. 4/**3**C.

## Unité 3, p. 31–32

**1**

1 b → une boulangerie ☐
2 i → une librairie ☐
3 f → une médiathèque ☐
4 c → un cinéma ☐
5 e → un cybercafé ☐
6 g → un hôtel ☐
7 h → un supermarché ☐
8 a → un collège ☐
9 d → un stade ☐

____/9 PUNKTE

○ 0–3 PUNKTE
Du weißt, dass du dich noch verbessern kannst. Lass dich nicht entmutigen.
Löse die Förderübung in der Beilage, S. 4/**1**A.

◐ 4–7 PUNKTE
Du kannst noch besser werden! Löse die Förderübung in der Beilage, S. 4/**1**B.

● 8–9 PUNKTE
Spitze! Löse die Zusatzübung in der Beilage, S. 5/**1**C.

**2**

| | | | |
|---|---|---|---|
| le cinq | ☐ | le dix | ☐ |
| le trois | ☐ | le quatre | ☐ |
| le neuf | ☐ | le deux | ☐ |
| le un | ☐ | le sept | ☐ |
| le huit | ☐ | le six | ☐ |

____/10 PUNKTE

○ 0–3 PUNKTE
Die Zahlen musst du auswendig können. Löse die Förderübung in der Beilage, S. 5/**2**A.

◐ 4–8 PUNKTE
Die Zahlen musst du im Schlaf können. Wiederhole mit Hilfe der Seite 109 in deinem Buch.
Löse die Förderübung in der Beilage, S. 5/**2**B.

● 9–10 PUNKTE
Toll! Löse die Zusatzübung in der Beilage, S. 5/**2**C.

**3**

1. „Le cyberespace“, c’est un/~~une~~/~~des~~ cybercafé à Levallois. ☐
2. Bonjour, nous cherchons un/~~une~~/~~des~~ hôtel. ☐
3. À Levallois, il y a ~~un~~/~~une~~/des parcs: ☐
   le parc de la Planchette et le parc Gustave Eiffel.
4. Marie habite à Levallois, dans ~~un~~/une/~~des~~ tour. ☐

____/4 PUNKTE

○ 0–1 PUNKTE
Lass den Kopf nicht hängen! Löse die Förderübung in der Beilage, S. 6/**3**A.

◐ 2–3 PUNKTE
Das geht noch besser. Löse die Förderübung in der Beilage, S. 6/**3**B.

● 4 PUNKTE
Gut gemacht! Löse die Zusatzübung in der Beilage, S. 6/**3**C.

**4** **a** je/il/elle/on rentre ☐
tu habites ☐
nous passons ☐
vous habitez ☐
ils/elles cherchent ☐

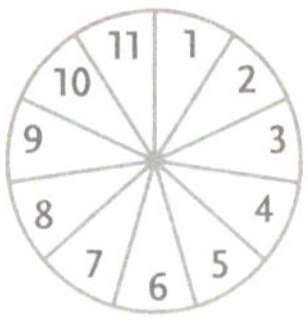

____/11 PUNKTE

**b**
1. Marc **habite** 2, rue de Rivoli. ☐
2. Je **passe** par la boulangerie, et toi? ☐
3. Lisa et Daniel **cherchent** le stade. ☐
4. Nous **rentrons** ensemble. ☐
5. Tu **habites** où? ☐
6. Vous **rentrez** à pied? ☐

○ 0–4 PUNKTE
Schreibe dir die Formen der Verben auf *-er* auf ein Blatt und hänge sie zu Hause an einer Stelle auf, an der du sie oft siehst. Löse die Förderübung in der Beilage, S. 6/**4**A.

◐ 5–8 PUNKTE
Es fehlt nicht mehr viel! Löse die Förderübung in der Beilage, S. 7/**4**B.

● 9–11PUNKTE
Prima! Löse die Zusatzübung in der Beilage, S. 7/**4**C.

**5**
1. Il y a deux hôtels: **l'**hôtel Campanile et **l'**hôtel du Parc. ☐ ☐
2. – Nicolas, c'est **le** frère **de** Laurine? ☐ ☐
   – Non, c'est le frère **d'**Océane et c'est **l'**ami de Robin. ☐ ☐
3. **J'**habite 8, rue Gabriel Péri. **Je** rentre à pied. ☐ ☐

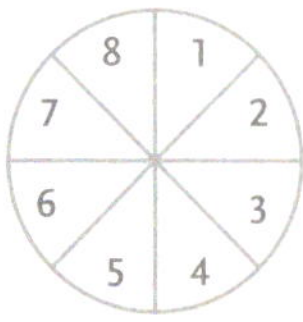

____/8 PUNKTE

○ 0–2 PUNKTE
Da musst du noch mal ran. Löse die Förderübung in der Beilage, S. 7/**5**A.

◐ 3–5 PUNKTE
Übung macht den Meister. Löse die Förderübung in der Beilage, S. 7/**5**B.

● 6–8 PUNKTE
Toll! Löse die Zusatzübung in der Beilage, S. 8/**5**C.

**6**
1. Salut! Tu es de Paris? ☐
2. Non, je suis de Levallois. ☐
3. Levallois, c'est où? ☐
4. C'est près de Paris. ☐
5. Qu'est-ce qu'il y a à Levallois? ☐
6. Il y a des cinémas. ☐
7. Il y a aussi un roller parc à Levallois? ☐
8. Oui, rue Danton. ☐

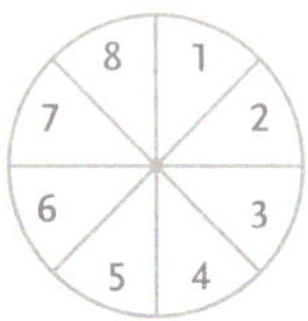

____/8 PUNKTE

○ 0–3 PUNKTE
Es ist noch kein Meister vom Himmel gefallen. Wenn du weiter übst, wird es besser werden.
Löse die Förderübung in der Beilage, S. 8/**6**A.

◐ 4–6 PUNKTE
Nimm es sportlich! Löse die Förderübung in der Beilage, S. 8/**6**B.

● 7–8 PUNKTE
Klasse! Löse die Zusatzübung in der Beilage, S. 8/**6**C.

## Unité **4**, p. 45–46

**1**

1. travaille ☐
2. sœur ☐
3. animal ☐
4. français ☐
5. adresse ☐
6. copine ☐
7. frère ☐
8. parents ☐
9. sport ☐
10. douze ☐

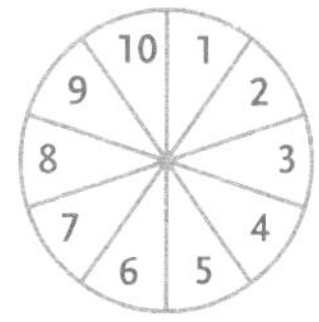


_____/10 PUNKTE

○ 0–3 PUNKTE
Diesmal ist es schief gegangen! Lass dich nicht entmutigen!
Löse die Förderübung in der Beilage, S. 9/**1**A.

◐ 4–7 PUNKTE
Du kannst dich noch verbessern! Löse die Förderübung in der Beilage, S. 9/**1**B.

● 8–10 PUNKTE
Spitze! Löse die Zusatzübung in der Beilage, S. 9/**1**C.

**2**

1. – Voilà **mes** ☐ sœurs.
   – Et le garçon, c'est **ton** ☐ frère?
2. – Non, c'est **mon** ☐ cousin avec **sa/ma** ☐ famille: **son/mon** ☐ père et **ses/mes** ☐ chats.
3. – Et c'est **ta/sa** ☐ prof de sport?
   – Non, c'est **ma/sa** ☐ tante.

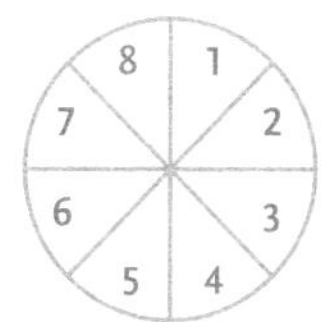


_____/8 PUNKTE

○ 0–3 PUNKTE
Beim nächsten Mal wird es besser gehen. Löse die Förderübung in der Beilage, S. 10/**2**A.

◐ 4–6 PUNKTE
Mit etwas Training schaffst du das. Du hast mindestens die Hälfte richtig!
Löse die Förderübung in der Beilage, S. 10/**2**B.

● 7–8 PUNKTE
Toll! Löse die Zusatzübung in der Beilage, S. 11/**2**C.

**3**

1. – Tu **as** ☐ des animaux?
   – Oui, j'**ai** ☐ un chien et un chat. Et ils **sont** ☐ sympa.
2. – Tes frères et sœurs, ils **ont** ☐ quel âge?
   – Ma sœur **a** ☐ douze ans et mon frère **a** ☐ dix ans.
3. – Vous **avez** ☐ des copains à Paris?
   – Non, nous **avons** ☐ des copines à Levallois.
4. – Paul **est** ☐ dans ta classe?
   – Oui, nous **sommes** ☐ en cinquième B.

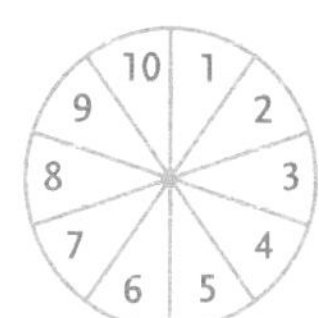


_____/10 PUNKTE

○ 0–3 PUNKTE
Lass den Kopf nicht hängen! Löse die Förderübung in der Beilage, S. 11/**3**A.

◐ 4–7 PUNKTE
Übung macht den Meister! Löse die Förderübung in der Beilage, S. 11/**3**B.

● 8–10 PUNKTE
Gut gemacht! Löse die Zusatzübung in der Beilage, S. 12/**3**C.

## 4

1. → 19 ans ☐
2. → 13 ans ☐
3. → 15 ans ☐
4. → 20 ans ☐
5. → 12 ans ☐
6. → 18 ans ☐

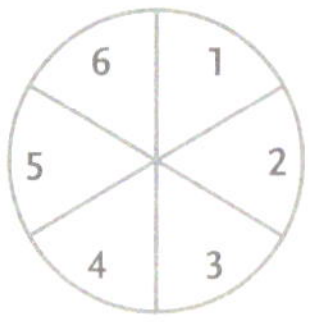


____/6 PUNKTE

○ 0–2 PUNKTE
Die Zahlen musst du im Schlaf können. Lerne sie auswendig. Löse die Förderübung in der Beilage, S. 12/**4**A.

◐ 3–4 PUNKTE
Die eine oder andere Zahl nicht gekonnt? Löse die Förderübung in der Beilage, S. 12/**4**B.

● 5–6 PUNKTE
Toll! Löse die Zusatzübung in der Beilage, S. 13/**4**C.

## 5

1. Comment tu t'appelles? ☐
2. Tu as quel âge? ☐
3. Tu as un animal? ☐
4. Tu as des frères et sœurs? ☐

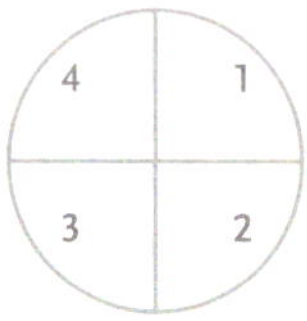


____/4 PUNKTE

○ 0–1 PUNKTE
Übung macht den Meister! Löse die Förderübung in der Beilage, S. 13/**5**A.

◐ 2 PUNKTE
Bleib dran! Löse die Förderübung in der Beilage, S. 13/**5**B.

● 3–4 PUNKTE
Gut gemacht! Löse die Zusatzübung in der Beilage, S. 14/**5**C.

# Unité **5**, p. 59–60

## 1

1. Laurine est dans **le couloir**. ☐
2. Laurine est dans **le salon**. ☐
3. Laurine est dans **sa chambre / la chambre / la chambre des filles**. ☐
4. Laurine est dans **la cuisine**. ☐
5. Laurine est dans **la salle de bains**. ☐

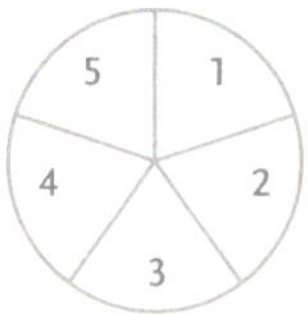


____/5 PUNKTE

○ 0–1 PUNKTE
Lass dich nicht entmutigen! Löse die Förderübung in der Beilage, S. 14/**1**A.

◐ 2–3 PUNKTE
Trainiere weiter! Löse die Förderübung in der Beilage, S. 15/**1**B.

● 4–5 PUNKTE
Weiter so! Löse die Zusatzübung in der Beilage, S. 15/**1**C.

## 2

1. Elle est **sur** ☐ **l'étagère** ☐.
2. Elle est **sous** ☐ **le lit** ☐.
3. Elle est **dans** ☐ **la boîte** ☐.
4. Elle est **entre** ☐ **les livres** ☐.
5. Elle est **devant** ☐ **le bureau** ☐.
6. Elle est **derrière** ☐ **l'ordinateur** ☐.

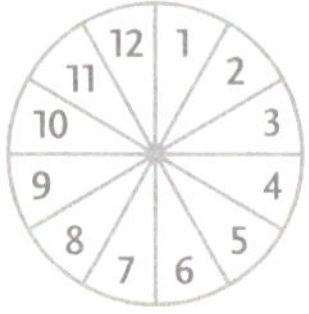


____/12 PUNKTE

○ 0–5 PUNKTE
Übe weiter! Löse die Förderübung in der Beilage, S. 15/**2**A.

◎ 6–9 PUNKTE
Diese Vokabeln musst du dir noch einmal einprägen. Löse die Förderübung in der Beilage, S. 16/**2**B.

● 10–12 PUNKTE
Prima! Löse die Zusatzübung in der Beilage, S. 16/**2**C.

**3**

1. Confetti est **à droite de l'**□ **armoire** □.
2. Confetti est **à gauche du** □ **VTT** □.
3. Confetti est **à droite de la** □ **chaise** □.
4. Confetti est **à gauche des** □ **boîtes** □.
5. Confetti est **à droite du** □ **lit** □.
6. Confetti est **à gauche de l'**□ **étagère** □.

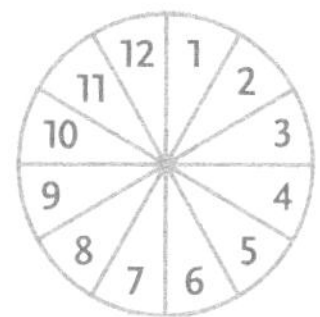

____/12 PUNKTE

○ 0–5 PUNKTE
Da musst du noch einmal ran! Löse die Förderübung in der Beilage, S. 16/**3**A.

◎ 6–9 PUNKTE
Nimm es sportlich! Löse die Förderübung in der Beilage, S. 17/**3**B.

● 10–12 PUNKTE
Toll! Löse die Zusatzübung in der Beilage, S. 17/**3**C.

**4**

1. Parlez français. □
2. Range ton bureau. □
3. Écoute. □
4. Regardez. □
5. Mange ta tartine. □
6. Travaillez ensemble. □

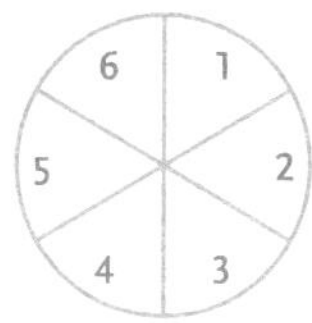

____/6 PUNKTE

○ 0–2 PUNKTE
Wenn du jeden Tag nur fünf Minuten übst, wirst du es bald besser können.
Löse die Förderübung in der Beilage, S. 17/**4**A.

◎ 3–4 PUNKTE
Du kannst dich noch verbessern. Löse die Förderübung in der Beilage, S. 18/**4**B.

● 5–6 PUNKTE
Glückwunsch! Löse die Zusatzübung in der Beilage, S. 18/**4**C.

**5**

1 → c □ 2 → b □ 3 → d □ 4 → f □ 5 → a □ 6 → e □

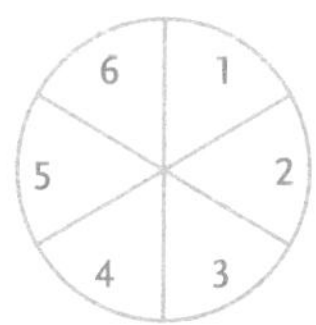

____/6 PUNKTE

○ 0–2 PUNKTE
Bleibe dran! Löse die Förderübung in der Beilage, S. 18/**5**A.

◎ 3–4 PUNKTE
Nicht schlecht! Löse die Förderübung in der Beilage, S. 18/**5**B.

● 5–6 PUNKTE
Super! Löse die Zusatzübung in der Beilage, S. 19/**5**C.

## Vokabelschablone

Zum Vokabellernen kannst du dir eine Schablone basteln.
Dazu nimmst du ein weißes A4-Blatt hochkant. 7 mm vom oberen Rand entfernt ziehst du eine Linie. Auf dieser Linie markierst du die beiden Punkte, die vom linken Rand 7,5 cm und vom rechten Rand 7,5 cm entfernt sind. Diese Stellen schneidest du bis zur Linie ein. Nun faltest du die beiden äußeren Teile entlang der Linie nach unten (siehe Zeichnung). Fertig ist die Seite 1, *le côté français-allemand*. Willst du mit Seite 2, *le côté allemand-français*, üben, klappst du die Seitenteile einfach wieder hoch und faltest das Mittelteil entlang der Linie nach unten.

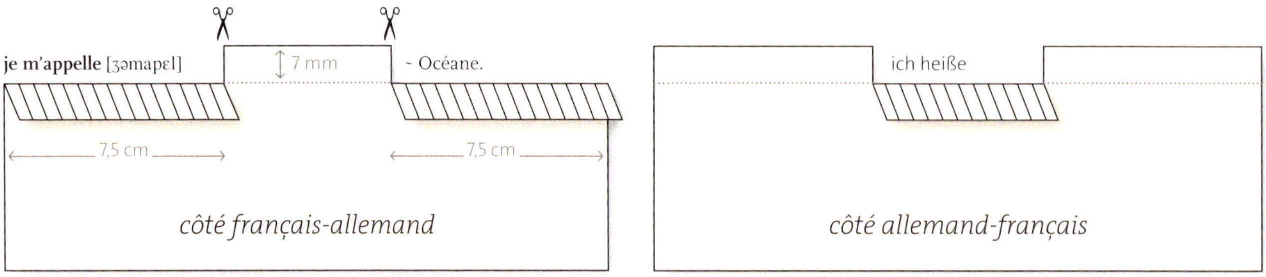


So lernst du Vokabeln mit der Schablone:

Seite 1: *français-allemand*
Lies das französische Wort. Ergänze den Satz, indem du das neue Wort an die Stelle der Tilde (~) setzt. Übersetze das Wort dann ins Deutsche. Anschließend schiebst du die Schablone nach unten und überprüfst deine Übersetzung.

Seite 2: *allemand-français*
Mit dieser Seite überprüfst du, ob du die deutschen Wörter auch ins Französische übersetzen kannst. Wenn dir der französische Ausdruck nicht gleich einfällt, schaust du unter der rechten Klappe nach und versuchst dich mit Hilfe des Satzes an den Ausdruck oder das Wort zu erinnern.

## Kopiervorlage

| *INFINITIF* | *Terminaison* | *Régulier* ☐ *Irrégulier* ☐ | *Particularité* |
|---|---|---|---|
| | | | |

| | *PRÉSENT* | *IMPÉRATIF* |
|---|---|---|
|  | Je/J' | |
|  | Tu | |
|  | Il/Elle/On | |
|  | Nous | |
|  | Vous | |
|  | Ils/Elles | |

| *se conjugue comme:* | *PASSÉ COMPOSÉ* |
|---|---|
| *IMPARFAIT* | *FUTUR* |

# À toi! 1A

## Carnet d'activités

## *Förder- und Zusatzübungen*

1. In deinem Carnet findest du nach jeder Unité die Seiten *Fais le point!* Da kannst du überprüfen, was du in der Unité gelernt hast.
2. Am Ende des Carnet findest du auf den Seiten 72 bis 77 die Lösungen zu *Fais le point!* Dort errechnest du, wie viele Punkte du erreicht hast.
3. Hier findest du weitere Übungen. Du sollst nicht alle lösen! Wähle jeweils die Übung aus, die zu deinem Punktestand passt.

Cornelsen

## 72|1 1A ○ 0–5 PUNKTE

Schreibe die Nomen im Plural. Wenn du Hilfe brauchst, schau im Buch in der *Liste des mots*, S. 113–115 nach.

1. le prof les profs ________
2. la classe ________
3. la fille ________
4. la sœur ________
5. le frère ________
6. le surveillant ________
7. la surveillante ________
8. le garçon ________

## 72|1 1B ◐ 6–10 PUNKTE

Unterstreiche die männlichen Nomen in Blau, die weiblichen in Rot und setze den richtigen Artikel ein. Wenn du Hilfe brauchst, schau im Buch in der *Liste des mots*, S. 113–115 nach.

__les__ filles, ________ garçons, ________ amie, ________ frère, ________ amis,

________ surveillants, ________ collège, ________ classes, ________ cour, ________ sœurs

## 72|1 1C ● 11–12 PUNKTE

Am ersten Schultag lernst du auf dem Schulhof einige Schüler aus dem Collège Jean Jaurès kennen: Paul ist der Freund von Ali. Alis Bruder heißt Khaled. Pauls Schwester Anna ist in Marions Klasse. Setze die Nomen aus dem Kasten in den Text ein. Füge jeweils den bestimmten Artikel hinzu.

ami classe cour élèves frère profs
rentrée sœur surveillants

C'est ____la rentrée____. ________, ________

et ________ sont dans ________.

Voilà Paul, c'est ________ d'Ali. Et voilà Anna, c'est ________ de Paul.

Elle est dans ________ de Marion. Et voilà Khaled, ________ d'Ali.

## 72|2 2A ○ 0–2 PUNKTE

Finde zu den Personalpronomen die passenden Formen des Verbs *être* wieder und schreibe sie in der richtigen Reihenfolge auf. Wenn du Hilfe brauchst, schau im Buch in den *Repères*, S. 21/2, nach.

nous je il/elle
ils/elles vous tu

est êtes suis
es sont sommes

je suis ________ ________

________ ________

________ ________

## 72|2 2B

3–4 PUNKTE

**Kreuze die passende Übersetzung an. Wenn du Hilfe brauchst, schau im Buch in den *Repères*, S. 21/2 nach.**

| | | |
|---|---|---|
| 1. ihr seid | ☐ tu es | ☒ vous êtes |
| 2. sie ist | ☐ elle est | ☐ il est |
| 3. sie sind (Paul und Paula) | ☐ elles sont | ☐ ils sont |
| 4. Sie sind *(Anrede)* | ☐ elles sont | ☐ vous êtes |

## 72|2 2C

5 PUNKTE

**Robin unterhält sich mit Nicolas über andere Jugendliche aus dem Collège Jean Jaurès. Setze die passenden Formen von *être* ein.**

**Robin:** Voilà Gabriel. ____Il est____ dans la classe de Tarek. Et toi,

____________ dans la classe de Youssouf?

**Nicolas:** Non, moi, ____________ dans la classe de Julien.

**Robin:** Et Lisa et Paul? ____________ dans la classe de Youssouf?

**Nicolas:** Non, ____________ dans la classe de Habib. Et Nina et toi, ____________ en sixième B?

**Robin:** Moi, oui. Et Nina, ____________ en sixième C.

## 72|3 3A

0–2 PUNKTE

**Verbinde die passenden Sätze miteinander. Wenn du Hilfe brauchst, dann schau im Buch unter *Les mots pour le dire* auf den Seiten 145 und 147 nach.**

| | | | |
|---|---|---|---|
| Hallo, ich heiße Laura! | **1** | **a** | Je suis en sixième. |
| Ich bin in der 6. Klasse. | **2** | **b** | Il est en cinquième. |
| Da ist Max. | **3** | **c** | Salut, je m'appelle Laura. |
| Er ist in der 7. Klasse. | **4** | **d** | Il est dans la classe de Sabrina. |
| Er ist in Sabrinas Klasse. | **5** | **e** | Voilà Max. |
| Er ist der Freund von Paul. | **6** | **f** | C'est l'ami de Paul. |

## 72|3 3B

3–5 PUNKTE

**Kreuze den richtigen Satz an. Wenn du Hilfe brauchst, dann schau im Buch unter *Les mots pour le dire*, auf den Seiten 145 und 147, nach.**

| | | |
|---|---|---|
| 1. Hallo! Ich heiße Ricardo. | ☐ Salut. Tu t'appelles Ricardo. | ☒ Salut. Je m'appelle Ricardo. |
| 2. Ich bin in Elenas Klasse. | ☐ Je suis dans le collège d'Elena. | ☐ Je suis dans la classe d'Elena. |
| 3. Elena ist Marcus' Freundin. | ☐ Elena, c'est la sœur de Marcus. | ☐ Elena, c'est l'amie de Marcus. |
| 4. Sie ist in der 7. Klasse. | ☐ Elle est en cinquième. | ☐ Elle est en sixième. |
| 5. Ricardo ist Claras Bruder. | ☐ Ricardo, c'est le frère de Clara. | ☐ Ricardo, c'est l'élève de Clara. |

72|3 **3C** ● 6 PUNKTE

Auf dem ersten Bild siehst du Lisa. Sie stellt sich selbst vor: Sie ist die Schwester von Arno. Sie ist in der 6B und sie ist die Freundin von Mélanie. Schreibe auf, was Lisa sagt.

Auf dem zweiten Bild siehst du Arno. Er stellt Lisas Freundin Mélanie vor: Sie ist in der 7A, in der Klasse von Tom.

1

2

*Je m'appelle* ______________ Lisa.

______________ Arno.

______________ B.

______________ Mélanie.

*Voilà* ______________ Mélanie.

______________ Lisa.

______________ A.

______________ Tom.

## Unité 3

73|1 **1A** ○ 0–3 PUNKTE

**a** Schau im Buch in der *Liste des mots*, S. 116–120 nach, ob folgende Nomen männlich oder weiblich sind. Unterstreiche die männlichen Nomen blau, die weiblichen rot.

boulangerie cinéma
collège tour librairie
hôtel médiathèque stade

**b** Schreibe die Nomen mit dem unbestimmten Artikel auf die passende Tafel.

73|1 **1B** ◐ 4–7 PUNKTE

Schreibe zu den Bildern die passenden Nomen mit dem unbestimmten Artikel. Wenn du Hilfe brauchst, schau im Buch in der *Liste de mots*, S. 113–120 nach.

 *un club de foot* ______________

 ______________

 ______________

 ______________

 ______________

 ______________

 ______________

______________

______________

73|1 **1C** ● 8–9 PUNKTE

Was gibt's in Raouls Viertel? Beschreibe das Bild. Nenne mindestens fünf Dinge. Schreibe in dein Heft.

Dans le quartier de Raoul, il y a une boulangerie. C'est ______________________

______________________

______________________

73|2 **2A** ○ 0–3 PUNKTE

**a** Verbinde die Zahlwörter mit der entsprechenden Ziffer. Wenn du Hilfe brauchst, schau im Buch unter *Les nombres en français*, S. 109 nach.

deux six huit cinq neuf

quatre sept un dix trois

**b** Schreibe die Zahlwörter in der richtigen Reihenfolge auf.

un, ______________________

______________________

73|2 **2B** ◐ 4–8 PUNKTE

**a** Löse Antoines Rechenaufgaben. Schreibe die Zahlen aus. Wenn du Hilfe brauchst, schau im Buch unter *Les nombres en français*, S. 109 nach.

**b** Schreibe die Gleichungen daneben.

1. ___six___ + quatre = dix
2. __________ + trois = sept
3. __________ – deux = six
4. dix – un = __________
5. trois + deux = __________

1. 6 + 4 = 10
2.
3.
4.
5.

73|2 **2C** ● 9–10 PUNKTE

Finde immer mindestens drei Möglichkeiten, die zum selben Ergebnis führen.

1. six = trois + trois ______ ou[1] ______ ______
2. huit = ______ ______ ______
3. neuf = ______ ______ ______

1 ou oder

## 73|3 3A ○ 0–1 PUNKTE

**Setze die Nomen in die Mehrzahl. Wenn du Hilfe brauchst, schau im Buch in den *Repères*, S. 39/2 nach.**

| | | | |
|---|---|---|---|
| un croissant | un quartier | un parc | une tour |
| des croissants | ____________ | ____________ | ____________ |
| un club | un collège | une avenue | un élève |
| ____________ | ____________ | ____________ | ____________ |

## 73|3 3B ◉ 2–3 PUNKTE

**Vervollständige mit dem unbestimmten Artikel *un*, *une* oder *des*. Wenn du Hilfe brauchst, schau im Buch in den *Repères*, S. 39/2 nach.**

1. Dans le quartier de Jérémie, il y a __des__ hôtels, ________ cinémas, ________ stade et ________ club de foot.
2. Dans la rue du Parc, il y a ________ parc, ________ supermarché et ________ librairie.
3. Dans l'avenue Georges Pompidou, il y a ________ boulangeries, ________ librairies, ________ hôtel et ________ médiathèque.

## 73|3 3C ● 4 PUNKTE

**Was gehört in die Schule? Was gehört ins Wohnviertel? Finde die Wörter wieder und ordne sie in die richtige Spalte ein. Schreibe die Nomen mit dem unbestimmten Artikel *un*, *une* oder *des* auf.**

evèlés lantleivsur ropfs riebairli ruto coru suer crap daste scaslse reiloubanges

| Dans le collège, il y a | Dans le quartier |
|---|---|
| | |
| | |
| | |

## 74|4 4A ○ 0–4 PUNKTE

**a** **Verbinde die Formen des Verbs *regarder* mit den passenden Personalpronomen. Wenn du Hilfe brauchst, schau im Buch in den *Repères*, S. 39/3 nach.**

| | | | |
|---|---|---|---|
| je | 1 | a | regardons |
| tu | 2 | b | regardez |
| il/elle/on | 3 | c | regarde |
| nous | 4 | d | regardent |
| vous | 5 | e | regardes |
| ils/elles | 6 | | |

(1 – c)

**b** **Schreibe die Formen des Verbs *regarder* in der richtigen Reihenfolge auf.**

| **regarder** | schauen |
|---|---|
| je regarde | ich schaue |
| | |
| | |
| | |
| | |
| | |

## 74|4 4B

○ 5–8 PUNKTE

Verbinde die Personalpronomen mit einem passenden Verb und mit allen möglichen passenden Ergänzungen. Wenn du Hilfe brauchst, schau im Buch in den *Repères*, S. 39/3 nach.

| | | |
|---|---|---|
| **A** Je | **1** habitons | **a** un cybercafé. |
| **B** Vous | **2** cherche | **b** par le parc. |
| **C** Tu | **3** passes | **c** ensemble. |
| **D** Nous | **4** regardent | **d** 3, rue de la Poste. |
| **E** Elles | **5** rentrez | **e** les murs peints. |

## 74|4 4C

● 9–11 PUNKTE

Nora wohnt in Levallois und ist Schülerin im Collège Jean Jaurès. Hier erzählt sie, was sie nach der Schule auf dem Heimweg macht. Schreibe fünf Sätze mit folgenden Verben: *habiter*, *passer*, *regarder* und *rentrer*.

Salut! Moi, c'est Nora. J'habite ____________________

______________________________

______________________________

______________________________

______________________________

## 74|5 5A

○ 0–2 PUNKTE

**a** Unterstreiche die Wörter, die mit einem Vokal oder mit einem *h* beginnen.

1. Je cherche ~~le~~ / l' hôtel du Parc.
2. Je / J' habite dans le / l' quartier de Maxime.
3. La / L' amie de / d' Inès passe par la boulangerie.
4. La / L' sœur de / d' Olivier cherche le stade.
5. Voilà le / l' collège de / d' Paul.
6. Tim cherche le / l' ami de / d' Udo.

**b** Streiche nun in den Sätzen von a jeweils die Form durch, die nicht passt. Wenn du Hilfe brauchst, schau im Buch in den *Repères*, S. 39/4 nach.

## 74|5 5B

○ 3–5 PUNKTE

Was ist richtig? Verbinde die Formen, die zusammenpassen. (Achtung: Manchmal gibt es mehrere Möglichkeiten.) Wenn du Hilfe brauchst, schau im Buch in den *Repères*, S. 39/4 nach.

**1** l' — métro / tour / hôtel

**2** l' — amie / copain / ami

**3** J' — passe. / habite à Paris. / rentre à pied.

**4** le copain d' — Ibrahim / Anita / Élodie

**5** l' — élève / prof / classe

**6** l' — rue / quartier / avenue

**7** Qu'est-ce qu' — on cherche? / il regarde? / il y a dans la cour?

74|5 **5C** ● 6–8 PUNKTE

**Laure lernt David kennen. Übersetze das Gespräch.**

**Laure:** Hallo! Wie heißt du?
**David:** Ich heiße David. Ich bin Aurélies Freund.
**Laure:** Wo wohnst du?
**David:** Ich wohne in Levallois. Das ist bei Paris.

Laure: Salut! Tu t'appelles comment?

______________________________

______________________________

______________________________

74|6 **6A** ○ 0–3 PUNKTE

**Verbinde die passenden Sätze miteinander. Wenn du Hilfe brauchst, schau im Buch unter** *Les mots pour le dire*, **S. 145 (Über sich sprechen) und S. 148 (Sich kennenlernen) nach.**

| | | | |
|---|---|---|---|
| Ich bin aus Leipzig. | **1** | **a** | Tu habites où? |
| Wo wohnst du? | **2** | **b** | J'habite à Darmstadt. |
| Was gibt es in Weimar? | **3** | **c** | Qu'est-ce qu'il y a à Weimar? |
| Ich wohne in Darmstadt. | **4** | **d** | C'est près de Berlin. |
| Das ist bei Berlin. | **5** | **e** | Dans le quartier, il y a un cinéma. |
| Im Viertel gibt es ein Kino. | **6** | **f** | Je suis de Leipzig. |

74|6 **6B** ◐ 4–6 PUNKTE

**Nicolas unterhält sich mit Tao. Kreuze die richtige Antwort an. Wenn du Hilfe brauchst, schau unter** *Les mots pour le dire*, **S. 145 (Über sich sprechen) und S. 148 (Sich kennenlernen) nach.**

1. **Tao:** Tu habites où?
   **Nicolas:** J'habite à Levallois. [X]
   C'est à côté. [ ]
2. **Tao:** Levallois, c'est où?
   **Nicolas:** Je suis de Paris. [ ]
   C'est près de Paris. [ ]
3. **Tao:** Qu'est qu'il y a à Levallois?
   **Nicolas:** Il y a des murs peints. [ ]
   C'est près de la Seine. [ ]
4. **Nicolas:** Et toi, tu es de Paris?
   **Tao:** Oui, je suis de Marseille. [ ]
   Non, je suis de Marseille. [ ]

74|6 **6C** ● 7–8 PUNKTE

**Xavier hat einen Brief von seinem neuen Brieffreund Paul bekommen. Stelle den Text wieder her und schreibe ihn auf.**

Salut Xavier,
J'habite à Levallois. C'est près de Paris. À Levallois, il y a des cinémas,
un club de foot, des parcs et un roller parc. C'est super!
À Levallois, il y a même des murs peints!
Après le collège, je rentre à pied avec Hervé: on habite à côté!
Et toi, ça va?
Salut!
Paul

______________________________

______________________________

______________________________

______________________________

______________________________

______________________________

## Unité 4

75|1 **1A** ○ 0–3 PUNKTE

Nina stellt ihre Familie vor. Schreibe zu jedem Namen die passende französische Bezeichnung. Wenn du Hilfe brauchst, schau im Buch in der *Liste des mots*, S. 123–124 nach.

die Mutter: **Anne** ___la mère___

der Großvater: **Jules** ______________

der Vater: **Robert** ______________

die Großmutter: **Irène** ______________

**Nina**

der Bruder: **Fred** ______________

der Cousin: **Raphaël** ______________

die Schwester: **Lou** ______________

die Tante: **Claire** ______________

75|1 **1B** ◐ 4–7 PUNKTE

Finde die Wörter wieder und vervollständige die Sätze. Wenn du Hilfe brauchst, schau im Buch in der *Liste des mots*, S. 123–128 nach.

| | | |
|---|---|---|
| 1. sr | œu | La fille de mes parents, c'est ma ___sœur___ . |
| 2. cpn | oie | Laurine, c'est la ______________ de Marie. |
| 3. prnts | ae | Mon père et ma mère, ce sont mes ______________ . |
| 4. trvll | aaie | Il ______________ dans une librairie. |
| 5. sprt | o | Le père de Nicolas est prof de ______________ . |
| 6. nml | aia | Un chat, c'est un ______________ . |
| 7. frnçs | aai | Tu parles ______________ ? |
| 8. drss | aee | Mon ______________ : 17, rue de Paris. |

75|1 **1C** ● 8–10 PUNKTE

Sophie ist die Tochter von Pierre und Aurélie, die Schwester von Adrien und ... Wie ist es für die anderen? Schreibe für die folgenden Familienmitglieder so viele Verwandschaftsbeziehungen wie möglich in dein Heft.

Sophie est la fille de Pierre, la sœur d'Adrien et la cousine de Lucie, Xavier et Hugo.

Didier ______________________________

Adrien ______________________________

Lucie ______________________________

Pierre ______________________________

Stéphanie ______________________________

75|2 **2A** ○ 0–3 PUNKTE

**a** Ergänze die Possessivbegleiter *(dein/deine, ihr/ihre, sein/seine)* auf Deutsch.

**b** Verbinde die deutschen Ausdrücke mit den passenden französischen Ausdrücken. Wenn du Hilfe brauchst, schau im Buch in den *Repères*, S. 59/2 nach.

| | |
|---|---|
| du und ___deine___ Mutter | toi et tes sœurs |
| du und __________ Schwestern | toi et ton père |
| du und __________ Vater | toi et tes frères |
| du und __________ Brüder | toi et ta mère |
| Marie und __________ Schwestern | Marie et son père |
| Marie und __________ Mutter | Marie et ses sœurs |
| Marie und __________ Brüder | Marie et sa mère |
| Marie und __________ Vater | Marie et ses frères |
| Tom und __________ Vater | Tom et ses frères |
| Tom und __________ Schwestern | Tom et son père |
| Tom und __________ Mutter | Tom et ses sœurs |
| Tom und __________ Brüder | Tom et sa mère |

75|2 **2B** ● 4–6 PUNKTE

**Das sind Zoé mit ihrem Vater und ihrer Mutter und Nathan mit seinem Vater und seiner Mutter. Ergänze mit den passenden Possessivbegleitern. Wenn du Hilfe brauchst, schau im Buch in den *Repères*, S. 59/2 nach.**

Voilà Zoé avec ___son___ père.

Voilà Nathan avec __________ père.

Voilà Zoé avec __________ mère.

Voilà Nathan avec __________ mère.

Voilà Zoé avec __________ parents.

Voilà Nathan avec __________ parents.

75|2 **2C** ● 7–8 PUNKTE

Das ist Ben und sein Freund Moussa. Stelle ihn vor. Erfinde Informationen zu seiner Familie, zu Haustieren, Wohnort, Schule ...

*Voilà Ben et son ami Moussa.* ______________________

______________________

______________________

______________________

______________________

______________________

______________________

______________________

______________________

75|3 **3A** ○ 0–3 PUNKTE

**a** Finde die Formen des Verbs *avoir* in dem Raster wieder. Wenn du Hilfe brauchst, schau im Buch in den *Repères*, S. 59/3 nach.

| | | | | | |
|---|---|---|---|---|---|
| B | U | R | N | A | I |
| K | A | S | W | I | X |
| R | G | D | A | C | U |
| A | V | O | N | S | E |
| W | O | A | V | E | Z |
| Y | T | B | O | N | T |

**AVOIR**

| | |
|---|---|
| j' | *ai* |
| tu | |
| il/elle/on | |
| nous | |
| vous | |
| ils/elles | |

**HABEN**

| | |
|---|---|
| ich | *habe* |
| du | |
| er/sie/man | |
| wir | |
| ihr/Sie | |
| sie | |

**b** Vervollständige nun die Tabellen.

75|3 **3B** ◐ 4–7 PUNKTE

Lisa befragt ihre Brieffreundin. Unterstreiche jeweils die passende Verbform. Wenn du Hilfe brauchst, schau im Buch in den *Repères*, S. 59/3 nach.

1. – Tes cousins et cousines, ils sont / ont / a quel âge?

   – Ma cousine est / a / ont douze ans et mes cousins sont / ont / est dix ans.

2. – Ta cousine êtes / ai / est dans ta classe?

   – Oui, nous sont / sommes / ont ensemble en cinquième C.

3. – Alors, vous êtes / est / ai dans la classe de Bruno.

   – Non, Bruno suis / a / avons treize ans et il sont / ont / est en quatrième.

75|3 **3C** ● 8–10 PUNKTE

Finde die Formen des Verbs *être* und des Verbs *avoir* wieder. Schreibe mit jeder Form einen Satz.

76|4 **4A** ○ 0–2 PUNKTE

Verbinde die Zahlwörter mit der entsprechenden Ziffer. Wenn du Hilfe brauchst, schau im Buch unter *Les nombres*, S. 109 nach.

treize douze quinze vingt dix-neuf

quatorze onze dix-sept seize dix-huit

76|4 **4B** ◎ 3–4 PUNKTE

Finde die Zahlen von elf bis zwanzig wieder und schreibe die Zahlwörter in der richtigen Reihenfolge auf. Wenn du Hilfe brauchst, schau im Buch unter *Les nombres*, S. 109 nach.

| | | | | | | | | |
|---|---|---|---|---|---|---|---|---|
| V | T | R | E | I | Z | E | A | S |
| A | D | E | D | O | U | Z | E | E |
| N | F | Q | U | I | N | Z | E | I |
| G | A | M | V | I | N | G | T | Z |
| T | I | X | P | N | Q | U | F | E |
| Q | U | A | T | O | R | Z | E | I |
| O | S | R | O | N | Z | E | N | R |
| V | D | I | X | - | S | E | P | T |
| X | D | I | X | - | N | E | U | F |
| D | I | X | - | H | U | I | T | B |

76|4 **4C** ● 5–6 PUNKTE

**Rechne die Aufgaben aus. Schreibe jedes Ergebnis als Zahlwort auf.**

33 – 13 = 20 vingt

8 + 13 – 4 = ______ ______

26 – 10 = ______ ______

55 + 4 – 48 = ______ ______

75 – 61 = ______ ______

29 – 10 – 7 = ______ ______

9 + 4 = ______ ______

76|5 **5A** ○ 0–1 PUNKTE

**Verbinde die passenden Sätze miteinander. Wenn du Hilfe brauchst, schau im Buch unter** *Les mots pour le dire*, **S. 148 (Sich kennenlernen) nach.**

| | | | |
|---|---|---|---|
| Sprichst du Französisch? | **1** | **a** | Ce sont mes grands-parents. |
| Wie alt bist du? | **2** | **b** | Tu parles français? |
| Hast du ein Haustier? | **3** | **c** | Tu as des frères et sœurs? |
| Hast du Geschwister? | **4** | **d** | Tu as un animal? |
| Das sind meine Großeltern. | **5** | **e** | Tu as quel âge? |

76|5 **5B** ◎ 2 PUNKTE

**Julien hat Léo interviewt. Stelle das Gespräch wieder her. Wenn du Hilfe brauchst, schau im Buch unter** *Les mots pour le dire*, **S. 148 (Sich kennenlernen) nach.**

Tu as des frères et sœurs? Tu habites où? Il a quel âge? Tu as un animal? Tu t'appelles comment?

**Julien:** Tu t'appelles comment?

**Léo:** Je m'appelle Léo.

**Julien:** ______

**Léo:** J'habite à Fontainebleau.

**Julien:** ______

**Léo:** Oui, j'ai deux sœurs et un frère.

**Julien:** ______

**Léo:** Oui, un chat. Il s'appelle Bistro.

**Julien:** ______

**Léo:** Bistro a 5 ans.

76|5 **5C** ● 3–4 PUNKTE

**Wie sagst du es auf Französisch?**

1. Du fragst Luc, wie alt er ist. Er antwortet, dass er 12 Jahre alt ist.

Toi: Tu as quel âge? ______________________

Luc: ______________________

2. Du fragst Luc nach seinen Geschwistern. Er sagt, dass er einen Bruder (Éric) und eine Schwester (Martha) hat.

Toi: ______________________

Luc: ______________________

______________________

3. Luc spricht über seine Familie. Er sagt, dass sie in Levallois bei Paris wohnen und seine Großeltern auch. Sein Vater arbeitet in einer Schule, seine Mutter hat eine Buchhandlung. Seine Katze heißt Titou.

Luc: ______________________

______________________

______________________

______________________

______________________

## Unité 5

76|1 **1A** ○ 0–1 PUNKTE

**Finde die Bezeichnungen für die Räume wieder und schreibe dann zu jedem Bild, wo sich die Katze gerade befindet. Wenn du Hilfe brauchst, dann schau im Buch in der *Liste des mots* auf den Seiten 130–134 nach.**

CSNUIIE
SLNAO
CLROUOI
SLLDBNSAEEAI
CHMBRAE

1. Le chat est dans le couloir.

______________________

______________________

2. ______________________

______________________

______________________

3. ______________________

______________________

______________________

4. ______________________

______________________

______________________

5. ______________________

______________________

______________________

76|1 **1B** ◯ 2–3 PUNKTE

**In dieser Wohnung wohnt Cléa mit ihren Eltern. Cléa hat ein eigenes Zimmer und ihre Eltern haben auch ein Zimmer. Trage die Bezeichnungen der Räume mit dem bestimmten Artikel ein. Wenn du Hilfe brauchst, dann schau im Buch in der *Liste des mots* auf den Seiten 130–134 nach.**

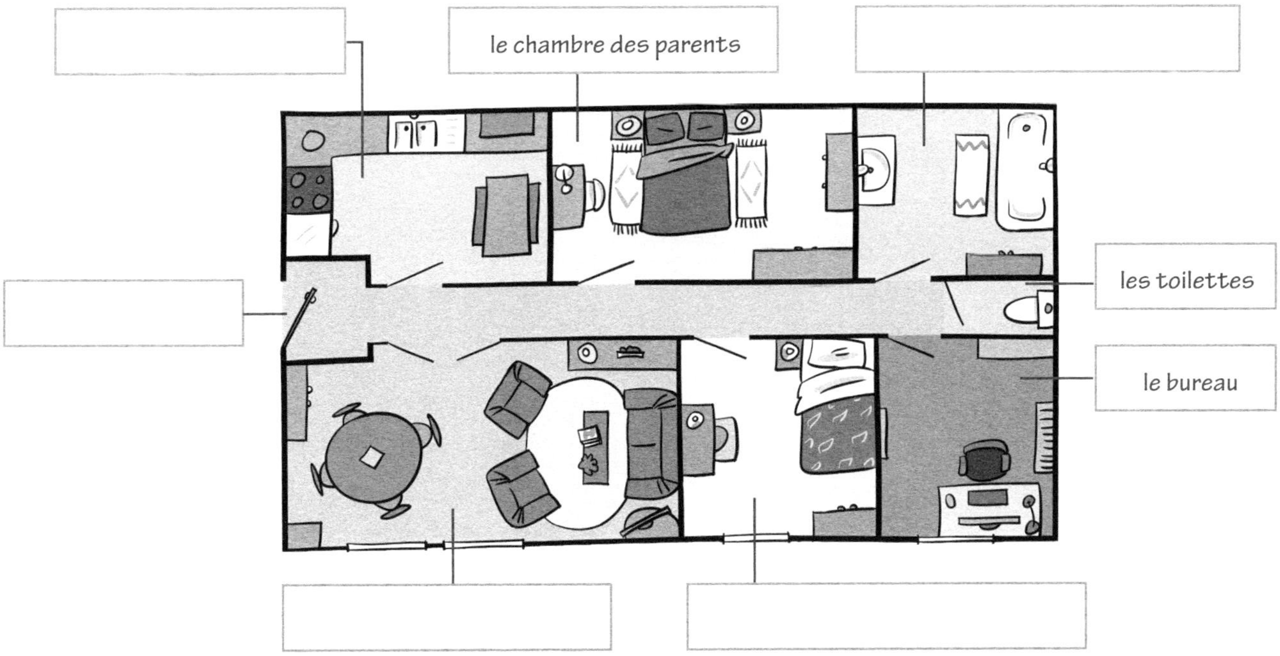


76|1 **1C** ● 4–5 PUNKTE

**In der Wohnung, die du oben siehst, wohnt Cléa mit ihren Eltern. Cléa hat ein eigenes Zimmer und ihre Eltern haben auch ein Zimmer. Löse die folgenden Rätsel. Welche Räume in Cléas Wohnung sind gemeint?**

Elle est à droite de la chambre des parents. C'est la salle de bains ______.

Il est à gauche de la chambre de Cléa. C'est ______.

Elle est entre la cuisine et la salle de bains. C'est ______.

Il est entre la chambre des parents et la chambre de Cléa. C'est ______.

77|2 **2A** ○ 0–5 PUNKTE

**Finde die Präpositionen des Ortes wieder. Schreibe unter jedes Bild, wo sich die Katze versteckt hat. Wenn du Hilfe brauchst, dann schau im Buch in der *Liste des mots*, S. 130–134 nach.**

| | |
|---|---|
| de | ur |
| so | rrière |
| dev | us |
| d | ant |
| s | ans |

Il est ___derrière___ l'ordinateur.

Il est ______ le lit.

Il est ______ la boîte.

Il est ______ l'ordinateur.

Il est ______ la chaise.

77|2 **2B** ◐ 6–9 PUNKTE

**Löse die folgenden Rätsel. Welche Gegenstände sind gemeint? Wenn du Hilfe brauchst, dann schau im Buch in der *Liste des mots* auf den Seiten 130–134 nach.**

1. Ils sont sur la chaise: les livres
2. Il est sur le bureau: __________
3. Il est sur l'armoire: __________
4. Elle est devant le bureau: __________

77|2 **2C** ● 10–12 PUNKTE

**Thomas fragt seine Mutter, wohin sie seine Sachen geräumt hat. Schau dir das Bild auf dieser Seite an und beantworte die Fragen.**

**Thomas:** Où est mon sac?

**Madame Martin:** (Il est) sur l'armoire.

**Thomas:** Où est ma bédé de Tintin?

**Madame Martin:** __________

**Thomas:** Où sont mes livres?

**Madame Martin:** __________

77|3 **3A** ○ 0–5 PUNKTE

**Schreibe diese Sätze ab, trenne dabei die Wörter. Wenn du Hilfe brauchst, dann schau im Buch in der *Liste des mots* auf den Seiten 130–134 nach.**

Le|chien|est|à|droite|de|la|chaise. __________

Lelitestàgauchedel'armoire. __________

Laperrucheestàdroitedesétagères. __________

77|3 **3B** ◐ 6–9 PUNKTE

**Diese Wörter haben sich in den Wortschlangen versteckt:** *dvd, sms, vtt.* **Streiche sie durch. Schreibe dann die Sätze ab, trenne dabei die Wörter.**

Elle~~sms~~est|à|droit~~vtt~~e|du|lit.

*Elle est à droite du lit.*

Ellessdvdontàgauvttchedesdouzeboîtes.

______________________________

Voussmsêtesàgauchededvdlachaise.

______________________________

Tuesvttàdrdvdoitedelaboîtesms.

______________________________

77|3 **3C** ● 10–12 PUNKTE

**Schau dir das Bild von Robins Zimmer im Buch auf S. 71 an und schreibe auf, ob sich die folgenden Dinge links oder rechts neben den genannten Gegenständen befinden.**

1. **VTT** / porte

*Le VTT est à gauche de la porte.*

2. **armoire** / bureau

______________________________

3. **chaise** / armoire

______________________________

4. **ordinateur** / livres

______________________________

77|4 **4A** ○ 0–5 PUNKTE

**Wie sagst du es auf Französisch? Finde zu jeder deutschen Aufforderung die passende französische Aufforderung. Trage den entsprechenden Buchstaben ein. Wenn du Hilfe brauchst, dann schau im Buch auf der S. 79/3 nach.**

**a** Range ton bureau.
**b** Chante avec moi.
**c** Travaillez ensemble.
**d** Écoute.
**e** Parlez.

1. Sprecht. [e]
2. Sing mit mir. [ ]
3. Hör zu. [ ]
4. Räume deinen Schreibtisch auf. [ ]
5. Arbeitet zusammen. [ ]

77|4 **4B** ◐ 6–9 PUNKTE

**Finde zu jedem deutschen Satz die passende französische Aufforderung. Trage den entsprechenden Buchstaben ein. Wenn du Hilfe brauchst, dann schau im Buch auf der S. 79/3 nach.**

**a** Range ton bureau. **c** Travaillez ensemble. **e** Parlez.

**b** Chante avec moi. **d** Écoute. **f** Mange ta tartine.

1. Ihr sollt zusammen arbeiten. [c]
2. Du sollst dein Butterbrot essen. [ ]
3. Du sollst zuhören. [ ]
4. Ihr sollt sprechen. [ ]
5. Du sollst deinen Schreibtisch aufräumen. [ ]
6. Du sollst mit mir singen. [ ]

77|4 **4C** ● 10–12 PUNKTE

**Ergänze die Tabelle mit den entsprechenden Aufforderungen.**

| Es werden mehrere Freunde angesprochen. | Du wirst angesprochen. | Du schlägst vor, was deine Gruppe tun soll. |
|---|---|---|
| Rangez la cuisine. | Range la cuisine. | Rangeons la cuisine. |
| Écoutez. | ______ | ______ |
| ______ | ______ | Regardons. |
| ______ | Parle français. | ______ |

77|5 **5A** ○ 0–5 PUNKTE

**Wie sagst du es auf Französisch? Verbinde. Wenn du Hilfe brauchst, dann schau im Buch unter** *Les mots pour le dire*, **S. 146 und 149 nach.**

| | | | |
|---|---|---|---|
| Ich suche mein Buch. | **1** | **a** | Où est mon livre? |
| Wo ist mein Buch? | **2** | **b** | Dépêche-toi. |
| Beeil dich. | **3** | **c** | Elle a cours à huit heures. |
| Hör zu. | **4** | **d** | Écoute. |
| Sie hat um acht Uhr Unterricht. | **5** | **e** | Je cherche mon livre. |

77|5 **5B** ◐ 6–9 PUNKTE

**Océane bereitet ihren Geburtstag vor und muss viele Anrufe erledigen. Was sagt sie? Trage den passenden Buchstaben ein. Wenn du Hilfe brauchst, dann schau im Buch unter** *Les mots pour le dire* **auf den Seiten 146 und 149 nach.**

**a** Tu es où? **c** Range ta chambre.

**b** Écoutez.

**d** Dépêche-toi. **f** Vous êtes où?

**e** Range la cuisine.

1. Sie sagt ihrem Bruder Nicolas, dass er sein Zimmer aufräumen soll. [c]
2. Sie bittet Nicolas, die Küche aufzuräumen. [ ]
3. Sie fragt ihre Freundin Anissa, wo sie ist. [ ]
4. Sie bittet Anissa, sich zu beeilen. [ ]
5. Sie fragt Maxime und Thomas, wo sie sind. [ ]
6. Sie bittet Maxime und Thomas, ihr zuzuhören. [ ]

77|5 **5C** ● 10–12 PUNKTE

**Nicolas sucht morgens seine Sachen. Er ruft Océane an und fragt sie, wo sie ist. Sie sagt, dass sie vor der Schule ist und dass sie um 10 Uhr Unterricht hat. Er sagt, dass er seine Sporttasche sucht. Océane sagt, dass seine Sporttasche unter seinem Bett ist. Nicolas fragt, wo seine Bücher sind. Océane sagt, dass seine Bücher im Schrank rechts neben den Mangas sind. Océane sagt, dass Nicolas sein Zimmer aufräumen soll. Schreibe das Gespräch auf.**

Nicolas: *Océane, tu es où?* ______________________

Océane: ______________________

Nicolas: ______________________

Océane: ______________________

Nicolas: ______________________

Océane: ______________________

______________________

## Bildquellen

**Fotos:**

© 123RF / Paul Simcock, S. 35 (unten: 1. v. links); Rick Becker-Leckrone, S. 46 – © Corbis (RF), S. 35 (Mitte: 1. v. links); Tomas Rodriguez, Cover (Vordergrund) – © Cornelsen / Corel Library, Pappseite D (Schere); Denimal/Uzel, S. 9, S. 11, S. 25, S. 30, S. 38 (oben), S. 63; Freytag, S. 15 (d); Ortiz-Vobis, S. 19 (Nr. 1); Schulze, S. 15 (Nr. 1, Nr. 2 u. Nr. 3), S. 16 (Nr. 1 u. Nr. 5), S. 61 (Nr. 1, Nr. 2, Nr. 3, Nr. 4, Nr. 6 u. Nr. 7), S. 64 (Nr. 3); Svaluto, S. 64 (Nr. 2) – © Fotolia.com / Alberto Maisto, S. 19 (Nr. 7); Andres Rodriguez, S. 37 (5. v. oben); Anne Katrin Figge, S. 35 (unten: 4. v. links); cdrcom, S. 35 (unten: 5. v. links); Díaz, S. 15 (b); Dixi_, S. 36 (1. Reihe: 2. v. links), Eric Isselée, S. 37 (2. v. oben), S. 38 (unten links); Fotoimpressionen, S. 36 (2. Reihe: 1. v. links); ISO K°-photography, S. 64 (2. v. oben rechts); jeff gynane, S. 33 (Nr. 9); Lana Langlois, S. 35 (Mitte: 6. v. links); mapoli-photo, Pappseite D (Filzstifte); Mellimage, S. 36 (2. Reihe: 3. v. links); Olivier Beraud, S. 36 (1. Reihe: 1. v. links); porkiepie, S. 36 (1. Reihe: 3. v. links); Sascha Burkard, S. 37 (6. v. oben); Sergey Ivanov, S. 37 (3. v. oben), S. 38 (unten rechts); Siberia, S. 37 (1. v. oben); Simone van den Berg, S. 37 (4. v. oben) – © iStockphoto / Aldo Murillo, S. 38 (Mitte rechts); Alexey Sokolov, S. 35 (oben: 2. v. links); Ana Abejon, S. 35 (unten: 2. v. links); anton albert, S. 39; atbaei, S. 47; Cindy Singleton, S. 14 (1. v. links); DNY59, Pappseite D (Bleistift); Ekaterina Monakhova, S. 14 (4. v. links); Floortje, S. 15 (f); gisele, S. 35 (Mitte: 2. v. links); Igor Terekhov, S. 33 (Nr. 3); Ivan Montero, S. 16 (Nr. 4); james boulette, S. 35 (Mitte: 5. v. links); Juanmonino, S. 35 (Mitte: 3. v. links), S. 40 (2. v. oben links); Kelly Cline, S. 15 (a); Lisa F. Young, S. 35 (oben: 3. v. links); Marc-André Decoste, S. 70-71;Mikael Damkier, S. 14 (2. v. links); Paul Simcock, S. 35 (unten: 3. v. links); Steve Luker, S. 35 (oben: 1. v. links); Vasko Miokovic Photography, S. 15 (i), Wilson Valentin, S. 35 (Mitte: 4. v. links) – © panthermedia.net / Lisa Vanovitch, S. 38 (Mitte links) – © Pixelio, S. 36 (2. Reihe: 2. v. links) – © Shotshop.com/calgal, S. 14 (3. v. links), S. 40 (unten) – © shutterstock / Benis Arapovic, S. 42; jocicalek, S. 62; matka_Wariatka, S. 15 (g); Victor Burnside, S. 33 (Nr. 1) – © Stockdisc (RF), S. 33 (Nr. 2).

© Andia.fr/Vélez, S. 64 (unten) – © Cinetext / Allstar / 20th Century Fox, S. 44 – © Collection Christophel, S. 40 (oben: 1. Reihe: 2. v. links) – © Ets Favrichon & Vignon, S. 15 (e) – © Getty Images / Paul Trummer, Cover (Hintergrund) – © Groupe Casino, S. 15 (c u. h) – © Jahreszeiten Verlag / Ariadne Ahrens, S. 57 (unten) – © laif / REA / François Perri, S. 61 (Nr. 5); Hanning, S. 19 (Nr. 6); Rolle, S. 19 (Nr. 5); Sittler, S. 16 (Nr. 2), S. 57 (oben) – © mauritius images / Enzinger, S. 16 (Nr. 3); Mattes, S. 16 (Nr. 7); Photononstop, S. 16 (Nr. 6), S. 16 (Nr. 8) – © Picture-Alliance / Bildagentur Huber, S. 40 (oben: 1. Reihe: 4. v. links) – © Thomas Schulz, Pappseite D (Lineal u. Tesafilm) – © ullstein/Sipa, S. 19 (Nr. 4), S. 40 (oben: 1. Reihe: 1. v. links); Francis Apesteguy, S. 64 (Nr. 1) – © Service Photo de la Mairie de la Ville de Levallois, S. 19 (Nr. 2, Nr. 3, Nr. 8).

**Illustrationen:**

© Éditions Albert René / Goscinny – Uderzo, S. 40 (oben: 1. Reihe: 5. v. links) – © Éditions Glénat / Zep, S. 40 (oben: 1. Reihe: 3. v. links).

### *Förder- und Zusatzübungen*

**Fotos:**

© Cornelsen Verlagsarchiv, S. 2, S. 4; Denimal/Uzel, S. 3, S. 11, S. 18 – © iStockphoto/Aifos, S. 9; PaulSimcock, S. 7 – © Veer / Monkey Business Images, S. 8.

Klebe hier einen Briefumschlag ein und bewahre darin dein *Jeu de mémory* und dein *Jeu des 8 familles* auf.

## Jouez à la marelle